中等职业教育示范校建设课程改革创新教材

网店经营与管理

崔海燕　主　编

张建海　副主编

科学出版社

北　京

内 容 简 介

　　本书面向初次接触电子商务知识的职业岗位群体，从岗位工作目标出发，按照"模块—项目—工作任务"三级组织结构设计淘宝网开店、商品图片的美化、淘宝网交易、店铺营销与推广、店铺的安全措施 5 个模块，重点讲解了网店经营应具备的素质要求、前期准备和条件、网店安全、网店装修、买卖流程的操作、交易技巧、店铺营销等内容，使学生掌握电子商务基本技能。

　　本书既可作为中等职业学校电子商务专业教材，也可作为电子商务从业人员的学习参考书。

图书在版编目（CIP）数据

网店经营与管理 / 崔海燕主编. —北京：科学出版社，2020.11
（中等职业教育示范校建设课程改革创新教材）

ISBN 978-7-03-066648-2

Ⅰ. ①网… Ⅱ. ①崔… Ⅲ. ①网店－经营管理－中等专业学校－教材
Ⅳ. ①F713.365.2

中国版本图书馆 CIP 数据核字（2020）第 214135 号

责任编辑：韩　东　赵玉莲 / 责任校对：王万红
责任印制：吕春珉 / 封面设计：东方人华平面设计部

斜　学　出　版　社 出版
北京东黄城根北街 16 号
邮政编码：100717
http://www.sciencep.com
北京中科印刷有限公司 印刷
科学出版社发行　　各地新华书店经销

*

2020 年 11 月第 一 版　　开本：787×1092　1/16
2021 年 8 月第二次印刷　　印张：10 1/4
字数：237 000

定价：31.00 元
（如有印装质量问题，我社负责调换〈中科〉）
销售部电话 010-62136230　编辑部电话 010-62135397-1028

中等职业教育示范校建设课程改革
创新教材编写委员会

主　　任：张光琪

副主任：朱继练　陈　静　冯东升

委　　员：张新平　郑丽珍　沈丹丹　吴才明

　　　　　王立朝　张剑飞　张建海

本书编写人员

主　　编：崔海燕

副主编：张建海

参　　编：赵燕红　王晓华　项建平

F序
FOREWORD

中等职业教育的目的是为社会培养生产、建设、管理和服务的应用型人才，教学是中等职业学校的工作核心，而教材是教学活动的基础和载体，教材的引进、开发又关系着中等职业学校学生知识、技能、个性和能力的养成。因此，中等职业学校开发建设具有一定地域特色、注重理实结合、重视人文素养、兼具学校特色的教材，尤为重要。

学校对这一工作非常重视，每年都在不断探索教材开发，尤其是随着新课改的不断推进和省改革发展示范校创建工作的开展，自 2015 年 10 月开始，学校在进行充分的调研和分析之后，组织编写了这套教材。

为了保证教材的编写质量，学校成立了以校长、副校长为首的领导小组，负责教材开发和实施的领导工作；成立了编写委员会和编写小组，制订出详细的教材编写方案，并做好需求分析和资源分析、参考教材的选定及教材的编写工作；聘请专家指导教材编写和审核修改。

这套教材分为文化课、专业课及民间传统工艺选修课三个板块，包括《民间吉祥动物剪纸》《仙居针刺无骨花灯设计与制作》《中职生实习指导》《数控车削操作与实训》《汽车空调系统常见维修项目检测》等 21 本教材，其中既有丰富的人文知识、详细的工艺介绍，也有浅显易懂的学科拓展，以及理论和实际相结合的专业实训，践行了"以学生为本，以能力为本，以活动为本"的中职教材编写原则。

本套教材共有 60 余名教师参与编写，为确保教材的编写质量，我们在专家指导的基础上，三年间共进行了四次修改和审核。

我们希望通过这套教材的使用，构建新的人才培养模式、课堂学习方式和教学管理模式及评价体系，真正为学生的全面发展和个性发展服务，培养和造就一支素质优良、富有研究和创新精神的教师队伍。

当然，这套教材难免存在一些不足之处，我们希望得到广大教育界专家和同行的支持与鼓励，也希望今后参与课程教学实施、推广普及的广大教师、学生对教材中的疏漏和不足之处提出宝贵的意见和建议。

在具体教学实践中，我们也会不断完善和修改，并在今后的课程开发中进一步拓宽思路，积极、主动、稳妥地加大改革力度，实现课程开发的制度化、实施的网络化。

P 前 言
PREFACE

　　本书面向初次接触电子商务知识的职业岗位群体，从岗位工作目标出发，对开设网店所需的知识和能力结构进行分析，以淘宝网为例，主要讲述了网店经营应具备的素质要求、前期准备和条件、买卖流程的操作、网店安全、网店装修、交易技巧、店铺营销等内容。书中每个模块又由若干个教学项目组成，每个项目又分为若干个工作任务，每个工作任务包含"任务描述""方法/步骤""知识点拨"三个部分。"任务描述"是对当前任务需要掌握的操作和了解的理论知识进行叙述；"方法/步骤"是当前任务的主要组成部分，对具体实施操作进行分解展示，可由教师演示、学生记录或学生自己根据步骤和图示进行独立操作；"知识点拨"是与当前任务相关的名词解释、原理解说等理论知识操作常识，由教师根据教学实际情况进行课堂教学或指导学生课后阅读。

　　本书建议总学时为 46 学时，具体学时安排建议如下表所示，教师在教学时可以根据学生基础与实际掌握情况进行适当调整。

学时安排建议

模块	项目	学时
模块 1　淘宝网开店	项目 1　网上开店准备	3
	项目 2　店铺设置与管理	5
	项目 3　宝贝管理	3
模块 2　商品图片的美化	项目 1　使用光影魔术手美化图片	8
	项目 2　使用 Photoshop 图像处理软件美化图片	10
模块 3　淘宝网交易	项目 1　交易管理	2
	项目 2　物流管理	3
	项目 3　客户服务	3
模块 4　店铺营销与推广	项目 1　网上调研	2
	项目 2　营销中心	2
模块 5　店铺的安全措施	项目 1　计算机软件系统维护	3
	项目 2　店铺安全设置	2

　　通过本书的学习，学生能对淘宝网开店有一个整体的认知，能够了解电子商务的概念、淘宝网开店流程，掌握淘宝店铺的设置与管理、淘宝网交易、商品图片的美化、店铺营销与

推广、店铺的安全措施等基本技能，为本专业后续专业课程的学习奠定基础。

本书由崔海燕担任主编，由张建海担任副主编，赵燕红、王晓华、项建平参与编写。具体编写分工如下：模块1由崔海燕编写，模块2由崔海燕、项建平编写，模块3由崔海燕、王晓华编写，模块4由崔海燕、张建海编写，模块5由崔海燕、赵燕红编写。

由于时间仓促以及学识水平有限，疏漏之处在所难免，敬请广大读者批评指正。

编 者

2020 年 3 月

C 目 录
ONTENTS

模块 3　淘宝网交易

模块 4　店铺营销与推广

模块5　店铺的安全措施

模 块 *1*

淘宝网开店

学习目标

　　本模块从实用的角度出发，介绍了在淘宝网开店的准备、店铺设置与管理、商品管理等几个方面内容。通过学习，体验从准备材料到完成开店的整个流程，并熟练掌握店铺设置与管理、商品管理等知识，为店铺的进一步发展打好基础。

网上开店准备

任务 1　开启网络之门

任务描述

　　网上开店过程中往往会遇到各种各样的问题，需要各个方面的信息。通过互联网搜索是目前获取信息最有效、最快捷的途径。所以想要在网上开店，首先要学习在网上开店所需要的相关知识。

方法/步骤

　　1. 认识浏览器

　　浏览器是上网必备的工具，常见的浏览器有 Internet Explorer、360 安全浏览器、QQ 浏览器等。用鼠标双击桌面上的 IE 快捷方式图标 ，即可打开如图 1-1-1 所示的 IE 浏览器界面。

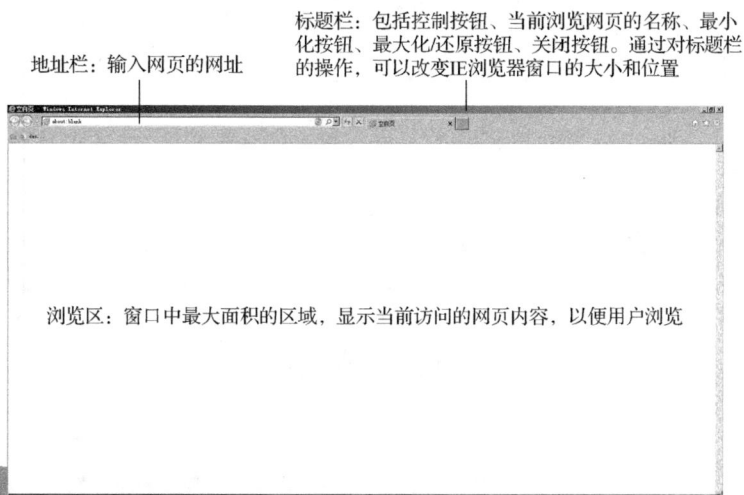

地址栏：输入网页的网址

标题栏：包括控制按钮、当前浏览网页的名称、最小化按钮、最大化/还原按钮、关闭按钮。通过对标题栏的操作，可以改变IE浏览器窗口的大小和位置

浏览区：窗口中最大面积的区域，显示当前访问的网页内容，以便用户浏览

图 1-1-1　IE 浏览器界面

2. 认识搜索引擎

搜索引擎能帮助我们在网络中快速搜索到我们所需要的各种信息。常见的搜索引擎有百度（图 1-1-2）、搜狗搜索（图 1-1-3）、360 搜索（图 1-1-4）等。

图 1-1-2　百度

图 1-1-3　搜狗搜索

图 1-1-4　360 搜索

例如，利用百度搜索引擎搜索淘宝官方规则，可在浏览器地址栏里输入百度的网址（https://www.baidu.com），进入百度页面，在输入框中输入"淘宝官方规则"，然后单击"百度一下"按钮，即可出现相关搜索内容，如图 1-1-5 所示。

图 1-1-5　百度搜索结果

3. 使用浏览器

利用浏览器去淘宝大学、淘宝论坛等网站了解网店开店相关知识。淘宝大学可以教你如何在淘宝上开网店，并提供开店流程、步骤、技巧、心得，以及如何开好网店的文章。

1）在浏览器地址栏里输入网址"http://www.taobao.com"，进入淘宝网首页（图1-1-6）。

图1-1-6　淘宝网首页

2）单击"卖家中心"按钮，在弹出的下拉列表中单击"卖家培训中心"按钮（图1-1-7）。

图1-1-7　淘宝网首页"卖家培训中心"

3）单击"卖家培训中心"按钮后，打开淘宝大学网站，在淘宝大学主页面（图1-1-8）中选择相关知识进行学习，也可以在搜索栏中搜索所需知识。

图1-1-8　淘宝大学主页面

4. 设定淘宝网为主页

1）在浏览器窗口右上角单击"工具"按钮，在弹出的下拉列表中单击"Internet 选项"按钮（图 1-1-9）。

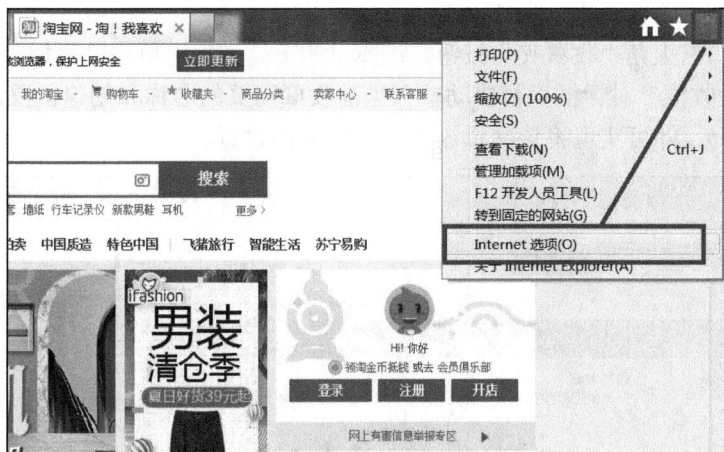

图 1-1-9　单击"Internet 选项"按钮

2）在弹出的"Internet 选项"对话框的"常规"选项卡中，在"主页"项目的地址行中输入淘宝网网址（图 1-1-10），单击"确定"按钮即可。

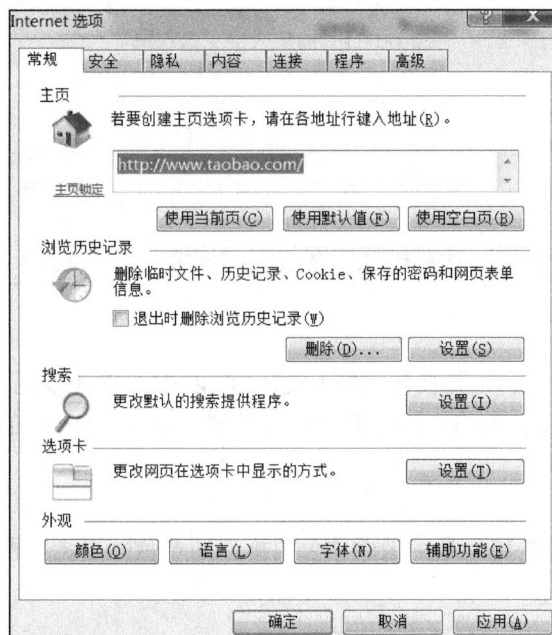

图 1-1-10　设定主页

5. 收藏网站

若我们浏览到一个较为喜欢的网站，以后想经常登录该网站，怎么办呢？IE 浏览器为用户提供了保存网址（添加到收藏夹）功能。以淘宝大学网站为例介绍如下。

1）进入淘宝大学主页面（图 1-1-8）。

2）单击窗口右上角"收藏夹"按钮，在弹出的下拉列表中单击"添加到收藏夹"按钮，在弹出的"添加收藏"对话框里会自动输入当前收藏网页的名称和创建位置，单击"添加"按钮（图 1-1-11），即可实现将该网页添加到收藏夹的设置。

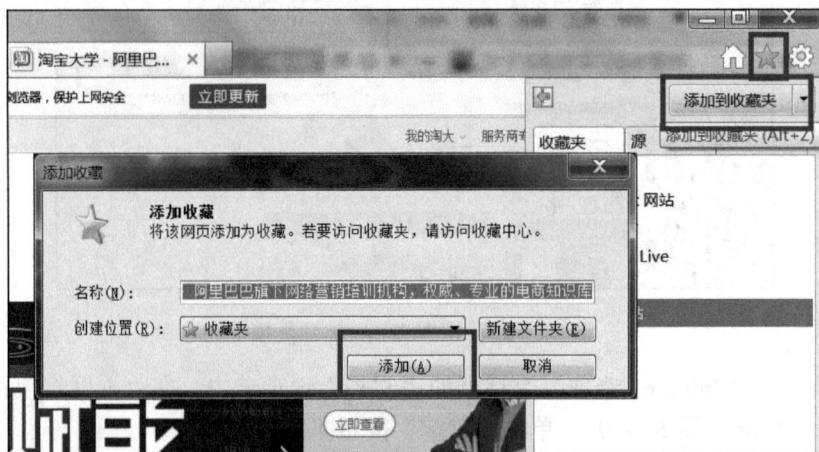

图 1-1-11　淘宝大学主页收藏

知识点拨

1. 什么是 Internet

Internet（互联网）是国际计算机互联网的英文称谓。

2. 互联网能干什么

通过互联网，用户可以获取与发布信息，可以进行网上交际，可以发送电子邮件（E-mail），进行电子商务、网络电话、网上事务处理，以及 Internet 的其他应用等。

3. 什么是 IE

Internet Explorer 简称 IE，是美国微软公司推出的一款网页浏览器。

4. 什么是主页

主页（home page），也被称为首页，是用户打开浏览器时默认打开的网页，主要包含个人主页、网站网页、组织或活动主页、公司主页等。主页一般是用户通过搜索引擎访问一个网站时所看到的首个页面，用于吸引访问者的注意，通常也起到登录页的作用。在浏览网页的过程中，如果单击标准工具栏中的"主页"按钮，可回到事先设定的网页上，这个网页就是主页。

5．什么是网址

网址通常指互联网上网页的地址。企事业单位或个人通过技术处理，将一些信息以逐页的方式储存在互联网上，每一页都有一个相应的地址，以便其他用户访问而获取信息资料，这样的地址叫作网址。网址的格式为"协议+万维网+主机名+域名（中间用英文句点隔开）"。其中，协议指的是 http、ftp、ed2k 等；万维网指的是 WWW；主机名就是网上的服务器的主机名称；不同的域名代表不同类型的网站，如".com"表示企业单位，".net"表示网络机构，".edu"表示教育机构，".org"表示组织机构，".gov"表示政府机构。

任务 2　淘宝网开店前的准备

▌任务描述

对初次涉足网上开店的人而言，首先要了解在淘宝网开店所需的相关资料、经费，以及如何选择货源、寻找货源的方法等。

▌方法/步骤

1．熟悉在淘宝网开店所需的相关资料

（1）开店条件
1）年满 18 周岁。
2）有自己的身份证。
3）一张身份证只能开通一家网店。
（2）在淘宝网开店的准备资料
1）硬件准备（计算机、手机、银行卡、相机等）。
计算机：宽带联网，安装有 Photoshop 等软件。
相机：像素高，能进行一些细节拍摄。
银行卡：最好开通网银。
2）淘宝账号、支付宝账号。淘宝账号最好是有一定的代表意义。
3）本人身份证照片正反两面，能看清楚身份证上面的字，大小不超过 2M。
4）本人手持身份证的照片，背景最好是白色，大小不超过 2M。

2．了解开店需要的经费

在淘宝网开店需要多少经费实际上没有一个具体的数目，做虚拟店铺只需要 2000 多元就够了，而实物网店要多少经费取决于你做的是哪一类产品，一般 3000～5000 元就够了。

1）消费者保证金。最低金额：1000 元（不开店的时候退还）。

缴纳消费者保证金后，店铺的搜索排名会相对靠前，顾客也会更信任该店铺。

2）旺铺版本费用。

① 旺铺基础版：永久免费，装修限制很多。

② 旺铺专业版：一钻以下免费，一钻之后每月 50 元。

推荐使用专业版，升钻之后可以换回基础版，专业版装修起来比较简单，功能更齐全。

3）店铺装修费用。

① 自己学习装修，不用花钱。

② 在装修市场购买模板，每月 5～30 元。

③ 请人代装修，100 元左右。

④ 购买智能装修模板，花费 90 元可永久使用。

4）营销推广费用。

① 直通车推广，按点击量付费，一个点击在几毛钱到几元钱之间。

② 淘宝客，按成交量支付推广佣金。

③ 站外广告投放，具体费用视情况而定。

3. 如何选择货源

（1）必须有用

一些装饰品、工艺品，看起来没什么实际用途，但是放到家里能起到装饰作用，让人赏心悦目，也就显得有用了。

（2）必须能用

这里强调的是产品的质量，卖家要严把产品质量关。

（3）必须耐用

从经济学的角度来看，要物超所值，让买家在使用过程中不至于因为产品的缺陷而留有遗憾，要让他感觉到自己花的钱是值得的。买家花较少的钱能买到性价比高的产品，日后一定会常来光顾的。

（4）必须实用

虽然现在大家生活水平都提高了，但是大多数买家不会花钱去买一些可有可无的产品。所以在选择货源的时候，产品的实用性也是要考虑的重要方面。

4. 寻找货源的方法

很多人想在网上开网店，但不知道如何寻找货源。目前，开网店找货源的常见方式有以下几种。

（1）利用搜索引擎

在搜索引擎中搜索你想要卖的产品，可以找到很多销售该产品的商家或代理商，其中可能就有符合你要求的商家或代理商。如果你想更精确地搜索代理商，可以使用"产品名+批发""产品名+供应""产品名+代理"等关键词，以缩小搜索范围。

（2）专业分销网站

大多数企业会在分销平台中展示自己，以获得其他企业的订单。国内比较出名的分销平台有进包网、包包树、时尚格子、阿里巴巴、阿里姐姐、中国货源网等。进入这些网站搜索自己想要卖的产品，并找到合适的经销商就可以了。

（3）C2C 网站

国内 C2C 网站（如淘宝网）有大量的卖家。这些卖家不仅有个人用户，也有很多个体经营户、经销商，以及大的品牌经销商。经销商一般有自己的货源，能够以比较低的价格将产品批发出来。如果你可以接受低利润的话，个人用户也是不错的选择，他们可以帮你发货，省去你存货的成本。

（4）寻找厂家

在城市郊区，肯定有很多工厂生产着不同的产品。你可以花些时间去与这些工厂的负责人沟通来获得货源，这样的货源往往质量又好，价格也低。目前，市场上集产品设计、研发、生产制造、内外销、品牌市场运营、打样服务于一体的服装贸易公司有深圳时尚格子贸易有限公司。

（5）批发市场

人们平常在市场购买的商品大多来自批发市场，开店者可以去当地的批发市场寻找货源，省去付给经销商的一层费用。批发市场的货源价格低廉，利润当然就比较可观了。

知识点拨

网店货源是指网店或网站进货的一种渠道。货源可分为实物货源和虚拟货源两类。

1. 实物货源

实物货源是指看得见摸得着的实物商品，即可以用来价值交换的物品。实物货源应满足以下条件：

1）有内在价值。
2）可以用来交换。
3）必须是实物，如衣服、汽车、计算机等。

2. 虚拟货源

虚拟货源是指无实物性质且在网上发布时默认无法选择物流运输的商品，如虚拟货币、以现实货币交易买卖的虚拟商品或者虚拟社会服务等。

网店货源虚拟商品主要有以下几类。

1）网络游戏点卡、网游装备、Q 币等。
2）手机充值服务。
3）网络电话/软件序列号。
4）网店装修、图片储存空间等。
5）电子书、网络软件。
6）辅助论坛功能商品等。

任务 3　淘宝网开店流程

■ 任务描述

　　淘宝店铺分个人店铺和企业店铺两种。个人店铺是指通过支付宝个人认证，并以个人身份证开设的店铺。企业店铺是指通过支付宝企业认证，并以工商营业执照开设的店铺。在淘宝网开设店铺的流程主要有开通网络银行（简称网银）、登录/注册淘宝账号、支付宝实名认证、淘宝开店认证。

■ 方法/步骤

1. 开通网银

1）柜面开通。

　　如果已在本地开立账户，则开通网银时需提供本人有效身份证件、需注册的银行卡；如果未在本地开立账户，则需提供本人有效身份证件。具体流程如图 1-1-12 所示。

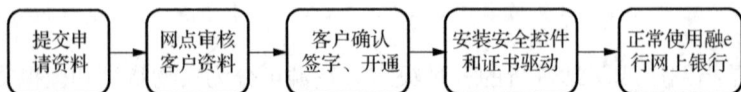

提交申请资料 → 网点审核客户资料 → 客户确认签字、开通 → 安装安全控件和证书驱动 → 正常使用融e行网上银行

图 1-1-12　柜面开通网银

2）自助注册。

　　自助注册网银的流程如图 1-1-13 所示。

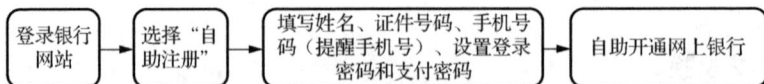

登录银行网站 → 选择"自助注册" → 填写姓名、证件号码、手机号码（提醒手机号）、设置登录密码和支付密码 → 自助开通网上银行

图 1-1-13　自助注册网银

2. 注册淘宝账号

1）打开淘宝官网，单击"免费注册"按钮，如图 1-1-14 所示。

图 1-1-14　免费注册

2）打开"注册协议"页面，单击"同意协议"按钮，进入用户注册页面，设置用户名，使用手机号注册（或使用邮箱注册），输入手机号，进行验证，如图 1-1-15 所示。

图 1-1-15 "设置用户名"页面

3）输入手机验证码，单击"下一步"按钮，跳转至"填写账号信息"页面，设置登录密码和登录名，单击"提交"按钮，如图 1-1-16 所示。然后设置支付方式，用户可以选择自己比较方便的支付方式，如支付宝支付或网银支付等。

图 1-1-16 "填写账号信息"页面

4）完成后会提示"注册成功，你的账户为：××××"，淘宝会员账号注册成功，可到淘宝网登录页面进行登录。

3. 支付宝实名认证

淘宝网用户注册成功后，系统会自动创建支付宝账号，支付宝的账户名默认为用户淘宝网注册时使用的手机号，登录密码默认为淘宝网登录密码。

1）登录淘宝账号，单击左上角的"账号管理"链接，打开"账号管理"页面，选择页面左侧的"支付宝绑定设置"，跳转至支付宝页面去激活该支付宝账户。

进入支付宝页面后，会提示用户进行实名认证，如图 1-1-17 所示。

图 1-1-17 支付宝账号首页

2）单击"未认证→立即认证"按钮，进入"支付宝实名认证"页面，如图 1-1-18 所示。

图 1-1-18 "支付宝实名认证"页面

3）单击"立即认证（大陆）"按钮，页面跳转至支付宝"实名认证"页面，按照提示要求填写身份信息验证（实名校验）→银行卡验证（实名认证 v1）→证件审核（实名认证 v2），如图 1-1-19 所示。

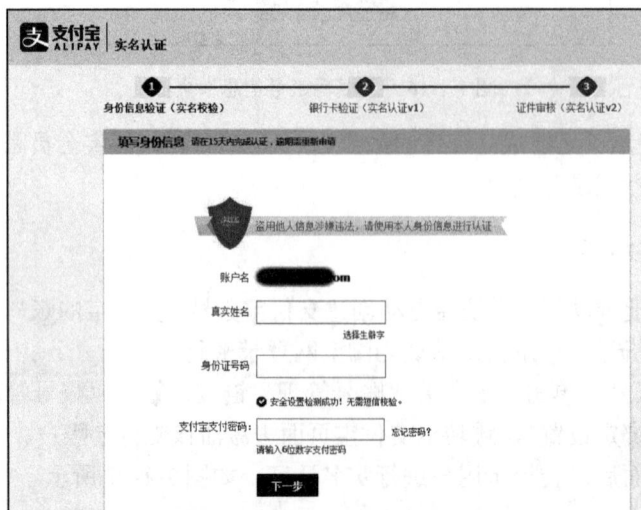

图 1-1-19 支付宝"实名认证"页面

4）设置身份信息，验证银行卡。注意：在验证银行卡时，需使用本人身份证信息下开通的银行卡，并且有银行预留手机号。

5）进行证件审核。此时需要上传本人的身份证正反面照片，要求图片上的相片、文字均清晰。如果审核未通过会提示为什么审核未通过，可以对信息进行调整后再重新认证；如果审核通过，则可以通过支付宝进行商品购买或者进行其他交易行为。

6）将支付宝账号与淘宝账号绑定。支付宝账号注册成功后，为了能实现网上交易，体验网上安全交易的乐趣，还需登录淘宝网，进行淘宝网账号与支付宝账号的绑定。

4. 淘宝开店认证

1）进入淘宝首页，登录淘宝会员账号，在右上方"卖家中心"下拉列表中选择"免费开店"选项（图 1-1-20），在打开的页面中输入淘宝会员账号。

图 1-1-20　选择"免费开店"选项

2）免费开店页面分个人店铺和企业店铺两种，单击"创建个人店铺"按钮（图 1-1-21）。

图 1-1-21　免费开店页面

3）在打开的页面中阅读开店须知，之后单击"我已了解，继续开店"按钮（图 1-1-22）。

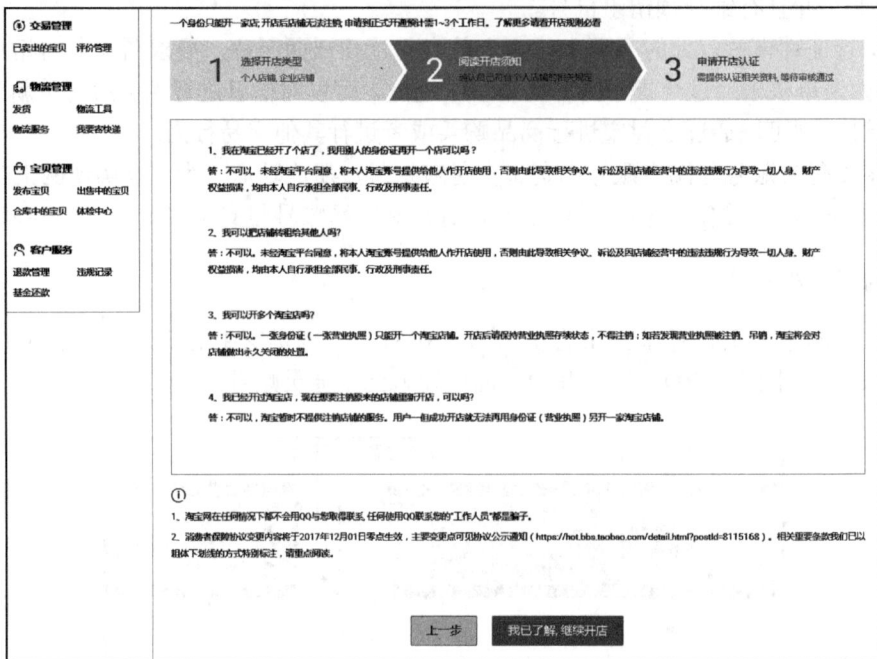

图 1-1-22　开店须知

4）在打开的申请开店认证界面可查看支付宝实名认证与淘宝开店认证是否通过，如图 1-1-23 所示。淘宝开店认证为"未开始"，可单击"立即认证"按钮。

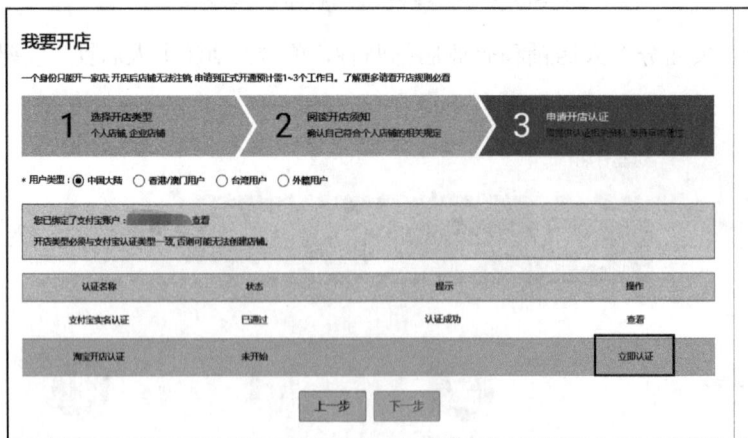

图 1-1-23　查看认证是否通过

5）在打开的淘宝身份认证页面，单击"立即认证"按钮（图 1-1-24）。

6）在打开的"淘宝身份认证资料（中国大陆地区）"页面，有手机认证和电脑认证两种认证方式。淘宝开店认证的方式是由系统根据网络环境作出指定推荐，目前无法自主更改认证方式。下文以手机认证（图 1-1-25）为例进行简单介绍。

图 1-1-24 淘宝身份认证界面

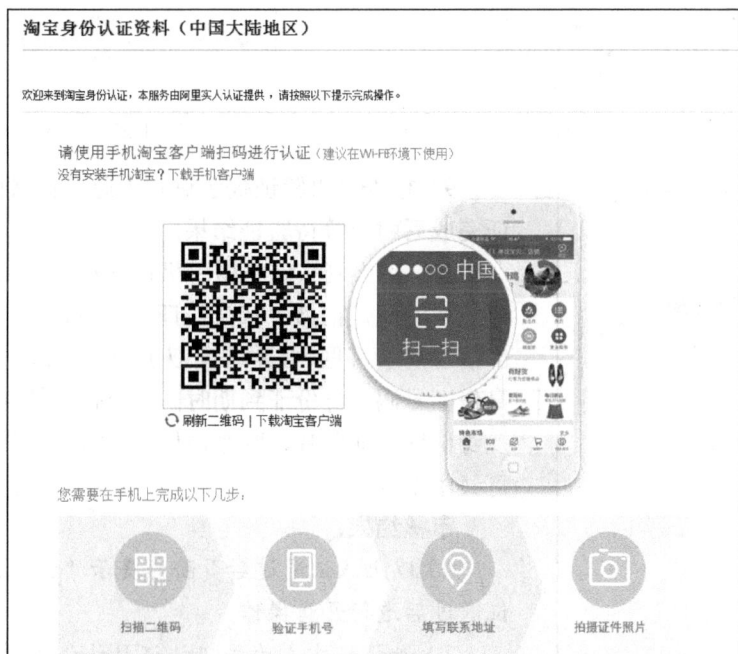

图 1-1-25 手机认证

7）使用手机淘宝客户端扫描图 1-1-25 所示的二维码。

扫码后，提示输入淘宝账号与密码，进入实人认证阶段，单击"开始认证"按钮（图 1-1-26）。

8）在授权声明页面单击"同意"按钮（图 1-1-27）。

图 1-1-26　开始认证

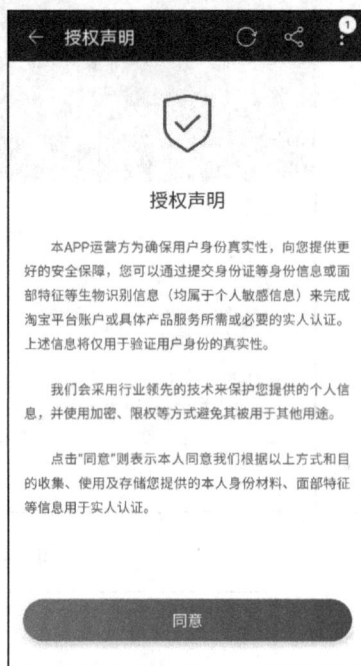

图 1-1-27　授权声明

图 1-1-28　人脸验证

9）根据手机验证提示进行人脸验证（图 1-1-28）。验证完成后耐心等待验证结果。

10）用电脑认证与用手机认证没有太大区别，唯一需要注意的就是拍摄手持身份证照片时，五官可见、证件全部信息清晰可见、完整露出双手手臂。步骤也是填写姓名、身份证号码、身份证到期时间、上传手持身份证照片，以及身份证正面照片、联系地址、手机号，最后提交资料即可（图 1-1-29）。

审核结果：

1）以上认证通过后页面会提示"认证通过"，可在认证通过后进行开店操作。

2）如认证方式为手机认证且认证未通过，请根据页面提示进入电脑端"淘宝网→卖家中心→免费开店"中查看具体原因。

3）如使用的认证方式为电脑端认证，且认证未通过，则可在收到通知后在"卖家中心→免费开店"中查看详细原因。

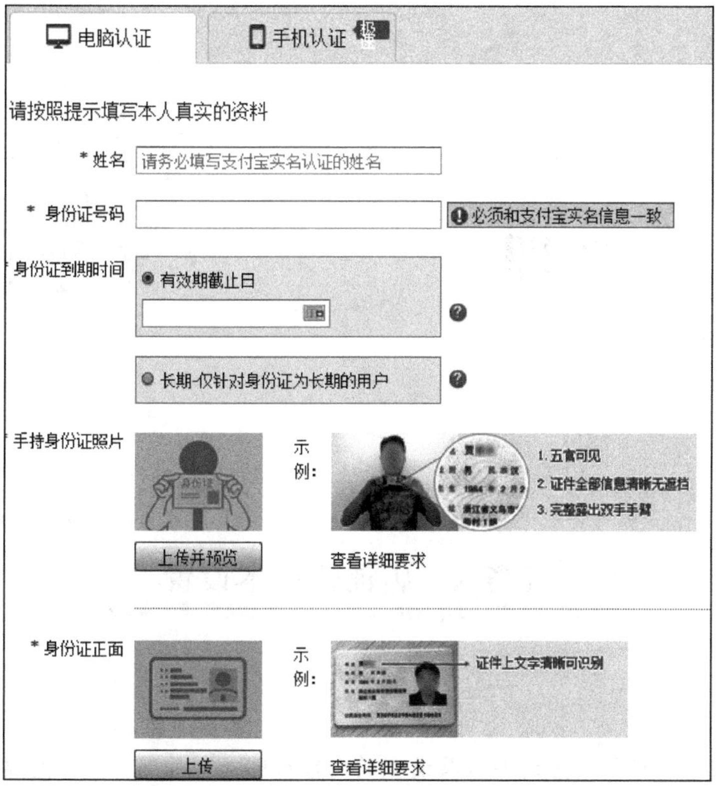

图 1-1-29　电脑认证

知识点拨

淘宝开店认证注意事项：

1）手持身份证照片内的证件文字信息必须完整清晰，否则认证将肯定不通过。

2）身份证有效期根据身份证背面（即国徽面）准确填写，否则认证将肯定不通过。

注意： 身份证背面有效期不是"长期"的用户不要选择"长期"，否则审核不通过。如需上传身份证背面照，请确保证件文字清晰，且身份证有效期在1个月以上。

3）使用不是自己的身份证开店或自己的身份证已被他人用来开店，一经核实，均无法通过开店认证。

4）淘宝认证每次提交后审核时间均为48小时，其间无须催促。

5）同一用户在淘宝网仅能进行一次认证，同一用户在淘宝网仅能开设一家店铺。（使用同一身份认证信息或经淘宝排查认定多个淘宝账户的实际控制人为同一人的，均视为同一用户。）

店铺设置与管理

任务 1　店铺的基本设置

▎任务描述

本任务重在了解店铺设置的内容及设置的内容对网店的作用，掌握店铺设置的过程。

▎方法/步骤

1）登录淘宝网，在最上方可以找到"卖家中心"按钮（图 1-2-1），单击即可进入卖家后台。

图 1-2-1　卖家中心

2）进入卖家中心页面后，单击左侧栏中"店铺管理"（图 1-2-2）右侧的下箭头按钮，打开店铺管理下拉列表。

3）单击"店铺基本设置"按钮，打开"店铺基本设置"页面（图 1-2-3）。设置项目主要包括"店铺名称""店铺标志""店铺简介""经营地址""主要货源""店铺介绍"等信息。

图 1-2-2　店铺管理

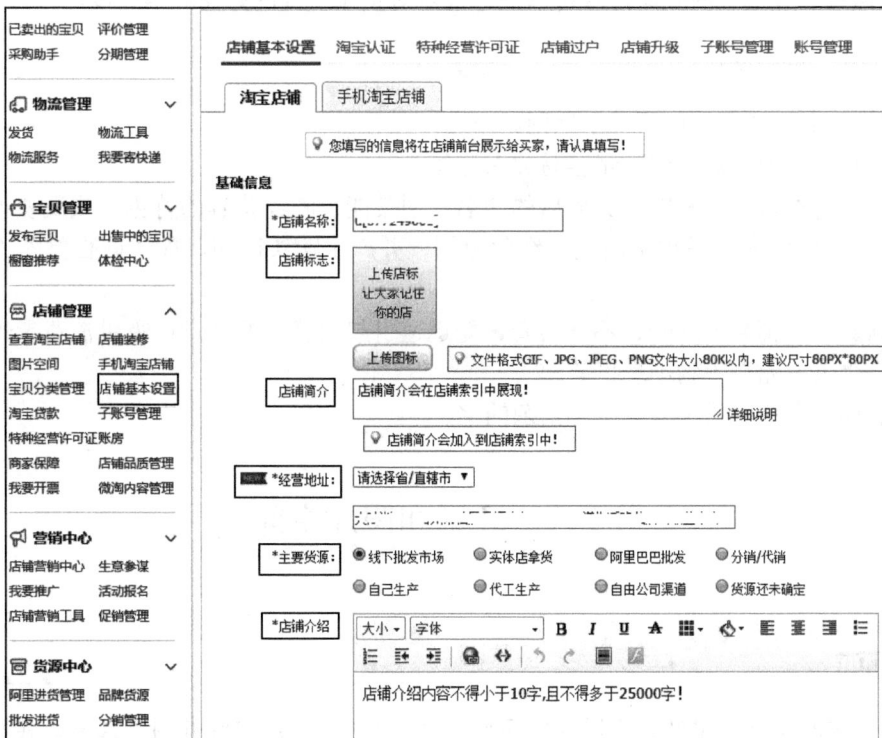

图 1-2-3　"店铺基本设置"页面

4）卖家可以根据自己的货源来填写相关的信息，淘宝店除了网页版还提供了手机版，这里只要把店标尺寸稍做修改即可，其他相关信息同步。

5）为店铺取个好的名字可以更容易让客户记住你的店铺，在店铺简介中可以推出一些活动吸引客户眼球。

6）完成基本信息的设置后，接下来需要为店铺进行装修、铺货和推销，这些需要花费大量的时间和精力去学习。

■ 知识点拨

1. 淘宝网店信息设置的内容

1）店铺名称。店铺名称可以修改，但是具有唯一性。

2）店铺标志。店铺标志是一个网店的形象，最好不要将店铺标志做成静态的。一般来说，动态的店铺标志比静态的店铺标志更能吸引人的眼球，这样，当顾客搜索店铺或者进入店铺的时候，一下子就可以被动态店铺标志吸引。店铺标志支持 GIF 和 JPG 格式，大小限制在 80KB 以内，建议尺寸为 80 像素×80 像素。

3）店铺简介。卖家对自己店铺经营信息的关键字简介，影响前台卖家店铺搜索。

4）店铺介绍。卖家可编辑对于店铺的介绍，以方便买家了解更多卖家的经营信息。这里也是很多人每天浏览的地方，陌生人点击卖家旺旺的时候，就会先来到这里，写上店铺广告和优惠信息能吸引人的眼球，也可以提升买家对卖家店铺的好感和信任度。

2. 店铺命名的原则

给店铺命名主要遵循以下几条原则。

1）简短。店铺名称越简短越容易被人记住。

2）必须与经营商品相吻合。商店的命名，通常能反映经营者的特色，或反映主营商品的优良品质，使顾客容易识别店铺的经营范围，并产生购买欲望，如"同仁堂""花嫁喜铺"等。

3）新颖。店铺名称新颖、不落俗套，能迅速引起消费者的注意，吸引消费者光顾，如"一口鲜""大三元""狗不理"等。

4）店铺名称中尽量不要有生僻繁杂的字。

任务 2　旺铺和图片空间

■ 任务描述

本任务重在了解淘宝旺铺及图片空间的概念，以及掌握淘宝旺铺相关服务工具及图片空间的购买。

■ 方法/步骤

1）打开淘宝网，单击"卖家中心"下拉按钮，在下拉列表中选择"卖家服务市场"选项（图 1-2-4），打开"服务市场"页面。

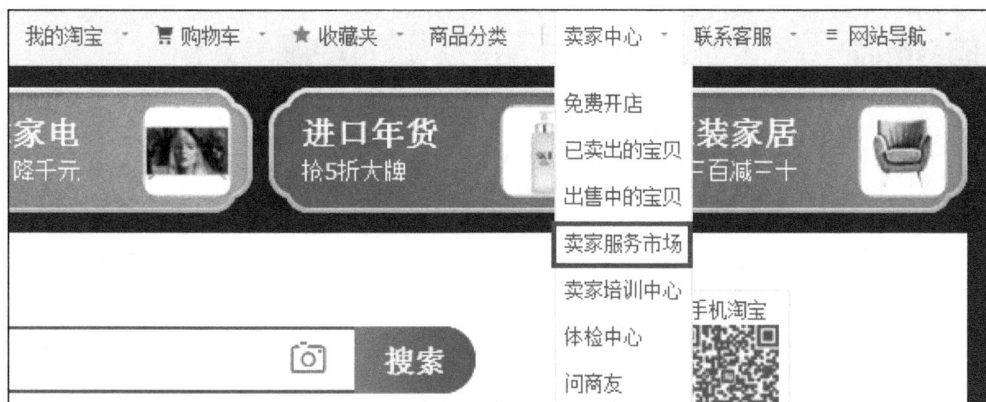

图 1-2-4 选择"卖家服务市场"选项

2）在"服务市场"页面左侧栏单击"旺铺"（图 1-2-5）链接，打开"淘宝旺铺"购买页面。

图 1-2-5 单击"旺铺"链接

3）选择"淘宝旺铺"的服务版本和周期，单击"立即购买"按钮即可，如图 1-2-6 所示。其他相关产品购买类同。

图 1-2-6　旺铺购买

知识点拨

1. 淘宝旺铺

淘宝旺铺是淘宝网为卖家提供的一项增值服务，它为卖家提供了区别于淘宝网一般店铺的展现形式。淘宝旺铺具有更专业、更个性的店铺页面，并提供了更强大的功能，对打造店铺品牌起到了至关重要的作用。目前新版旺铺共有 2 个版本（智能版和专业版），在保留了原旺铺的所有功能之外，对后台界面做了全面改版，并新增了多端同步页、页面管理、模块拖拽等功能。

旺铺后台主要分为 3 个区域：菜单区、工具栏、装修编辑区。

1）菜单区（图 1-2-7）。该区包括页面装修、模板管理、装修分析、装修模板、微海报、宝贝分类、营销等。

图 1-2-7　菜单区

2）工具栏（图 1-2-8）。工具栏提供了模块、配色、页头页面等功能。

图 1-2-8 工具栏

3）装修编辑区（图 1-2-9）。

在装修编辑区卖家可进行自定义编辑。

图 1-2-9 装修编辑区

2. 图片空间

图片空间就是用来储存淘宝商品图片的网络空间。通俗地讲，我们在上传商品到店铺的时候，宝贝中或多或少的会包含一些图片，而这些图片的保存地址就是所说的图片空间。网上提供图片空间的网站很多，但从稳定性和易用性来看，卖家最好还是用淘宝官方的图片空间，如图 1-2-10 所示，网址为 https://tu.taobao.com。

图 1-2-10　图片空间

任务 3　不同网店装修思路

任务描述

　　由于所销售的商品类型、风格不同，不同的卖家在装修自己的店铺时，也需要结合自己销售的商品类型与风格来进行装修。下面介绍一些店铺装修的高级技能和方法。

方法/步骤

　　1）第 1 步：选模板。单击"模板管理"（图 1-2-11），选择可用的模板后单击"马上使用"按钮。

　　2）第 2 步：选页面。展开页面列表，选择需要装修的页面，如首页（图 1-2-12）、详情页等。

图 1-2-11 选模板

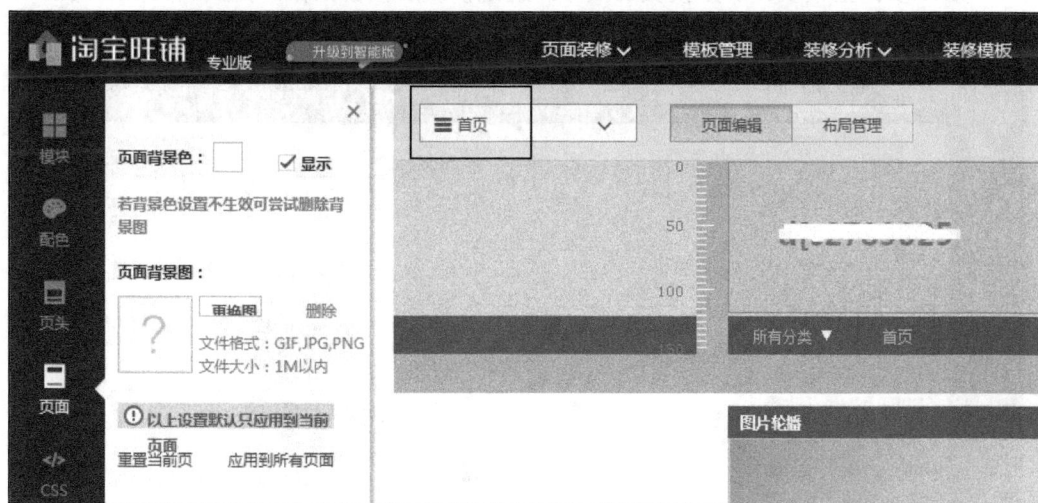

图 1-2-12 选页面（首页）

3）第 3 步：定样式。设置该页面的配色、页头背景、页面背景等（图 1-2-13）。

图 1-2-13　定样式

4）第 4 步：拖模块。确定模块的尺寸，选定模块后按住鼠标，拖拽到页面右侧的编辑区（图 1-2-14）。

图 1-2-14　拖模块

　　模块尺寸如图 1-2-15 所示，专业版有 950 像素、190 像素、750 像素 3 个尺寸的模块，基础版只有 190 像素、750 像素 2 种尺寸的模块，在拖拽模块时要注意模块的尺寸和目标区域是否吻合。

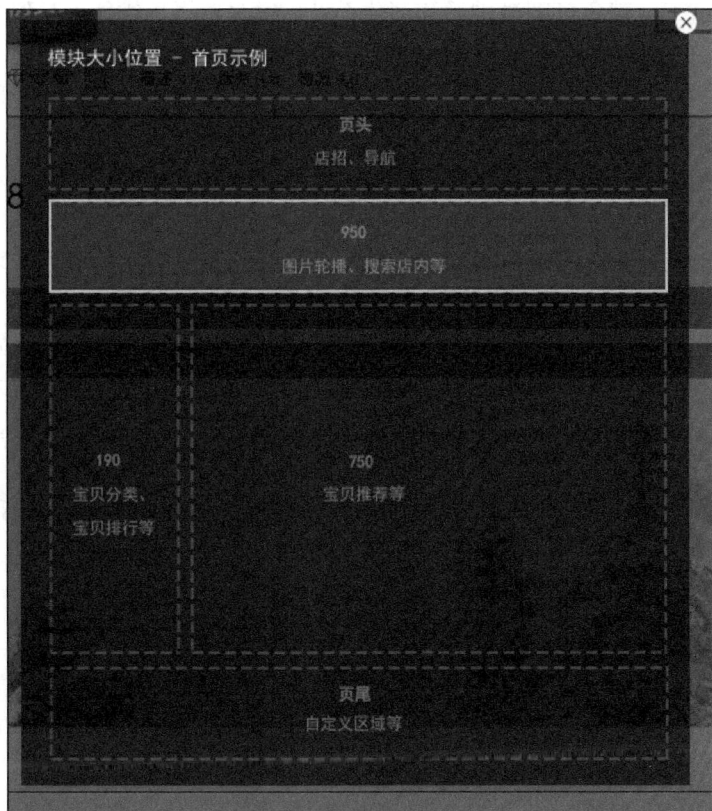

模块大小位置 - 首页示例

页头
店招、导航

950
图片轮播、搜索店内等

190
宝贝分类、
宝贝排行等

750
宝贝推荐等

页尾
自定义区域等

图 1-2-15　模块尺寸

　　依次编辑页面上的各个模块，其他页面的装修步骤同上，完成后单击"预览""发布"按钮即可完成。

知识点拨

　　网店基本装修思路如下。

　　1）从布局上要有一个清晰的排版，页面的规格有一定的规范。网店装修需要有一个整体的构思，先有一个蓝图去构造，由小及大，才能统一一个方向进行，所以在网店的整体布局中要有自己清晰明确的排版。例如，哪一个板块在哪一个部分让进来的客户更容易找到，哪一个板块是需要主打让人留下印象的，这些都需要店主在装修的时候大致规划出来。

　　2）定下一个基础色调，整体上都以此色调为基础延伸。色彩给人不同的心情，所以，了解颜色的用途便可以从美学上来装修适合自己店铺的风格，这个色调不仅需要适合产品，还要适合我们的目标人群，所以考虑产品的定位及色彩的搭配，就可以定下整体的色调风格，从这一个延伸相近的色彩搭配，装修就会很有质感。

① 红色（高兴）。红色可刺激和兴奋神经系统，增加肾上腺素分泌和增强血液循环。但接触红色过多，会产生焦虑和身心受压的情绪，在寝室或书房应避免使用过多红色。

② 黄色（活泼）。黄色可刺激神经和消化系统，增强逻辑思维能力，但金黄色的装饰却易造成不稳定和任意行为。因此，在寝室或活动场所最好避免使用金黄色家具。

③ 蓝色（平和）。蓝色有调节体内平衡的作用，在寝室使用蓝色，可消除紧张情绪。蓝色的环境使人感到优雅宁静。

④ 绿色（愉悦）。绿色有益于消化，促进身体平衡，并起到镇定作用，对好动或身心受压抑者有益。

⑤ 紫色（甜蜜）。紫色对运动神经、淋巴系统和心脏系统有压抑作用，可维持体内钾的平衡，有促进安静的作用。

3）各个相关页面也要统一风格。装修不仅仅是一个主页的事情，这就好比一个实体店铺不能只装修大门，各个区域在不同的类型展示下保证与整体风格一致，这才不至于让顾客有走错店的感觉。网店装修同理，并且跟转化的数据息息相关，内页做得好，顾客才有流连的时间，有吸引力的产品描述自然也能促成下单，流量才能转化成销量。

4）页面安排简洁直观。人都是有惰性的，卖家应尽可能地优化操作流程，这样可以极大地方便买家。

5）考虑风险。淘宝商家对损失的感觉比收益要深刻。针对这种心态，在店铺装修的时候，卖家要尽可能地使做出的相关图片或者文字，给顾客一种权威、安全、信任的感觉。

任务4　二级域名的设置

▌任务描述

淘宝二级域名和普通的二级域名一样，申请非常简单，只要符合订购旺铺专业版1钻及其以上的要求就能付费订购，订购后就可以免费使用二级域名，以下是二级域名的技能操作。

▌方法/步骤

1）打开淘宝网，单击"千牛卖家中心→店铺管理→店铺基本设置→域名设置→淘宝店铺→二级域名"命令。

在二级域名设置界面，先订购旺铺专业版，订购成功后在"taobao.com"前的文本框中输入域名前缀，也就是用户想要的个性化的名字，可以是拼音、英文或者数字，但不能是汉字，然后单击"查询"按钮即可查看输入的前缀是否已经被占用，如果没有被占用，就可以单击"申请绑定"按钮，如图 1-2-16 所示。

2）选中"同意以上规则"复选框，然后单击"绑定"按钮（图 1-2-17）即可完成店铺域名设置。

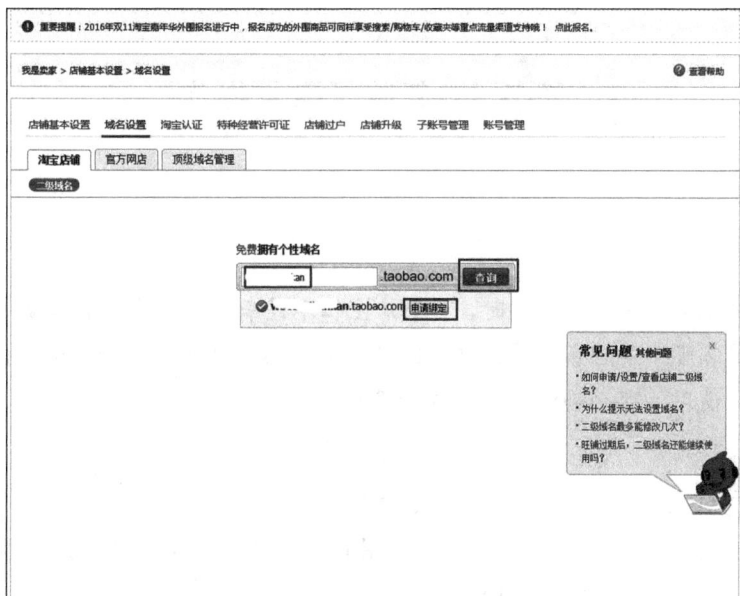

图 1-2-16　设置二级域名

图 1-2-17　绑定域名

▍知识点拨

　　二级域名的使用条件：目前只要用户开通使用不同版本的旺铺，都可以免费使用二级域名，不需要额外订购使用。

　　二级域名的表现形式：×××.taobao.com（×××部分称为二级域名，为商家自己设置的内容）。二级域名的设置和修改次数最多 3 次，一旦修改，原来的域名就会被释放。

　　淘宝二级域名是淘宝开店中非常重要的一个步骤，如果出现淘宝二级域名设置不了的情况，大部分原因在于用户条件不符合或者已经多次更改。

任务 5　新建子账号操作

■ 任务描述

当淘宝店铺运营不错客户较多时，一个店主忙不过来，就需要多个客服分流接待，当然也可以分出售前客服、售后客服等。这些旺旺账号是由店铺的淘宝账号衍生出来的子账号，提供给客服人员使用。那么如何新建子账号呢？

■ 方法/步骤

1）打开店铺后台，单击"子账号管理"超链接（图1-2-18），在打开的子账号管理页面中单击"新建员工"按钮（图1-2-19）。

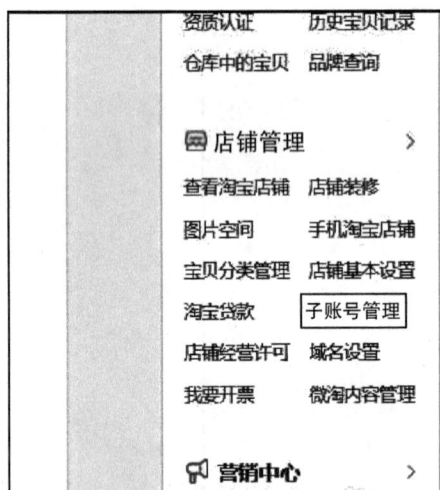

图 1-2-18　子账号管理

图 1-2-19　新建员工

2）在打开的新建员工界面中填写相关资料，之后单击"确认新建"按钮即可，如图1-2-20所示。

3）子账号需要认证后才可以使用。之后会跳转到如图1-2-21所示的页面，用手机淘宝或手机千牛扫描图中二维码进行身份认证即可。

图 1-2-20 填写相关资料

图 1-2-21 子账号认证

知识点拨

1. 什么是子账号，它有什么作用

子账号业务是淘宝网及天猫提供给卖家的一体化员工账号服务。店主使用主账号创建员工子账号并授权后，子账号可以登录旺旺，接待顾客咨询，或登录卖家中心帮助管理店铺。子账号的业务受主账号的监控和管理。

2. 子账号能解决卖家什么问题

子账号主要解决店铺账号的安全问题。

1）主账号权力太大，店铺机密信息易泄露（支付宝信息、店铺基本信息和数据）。

2）主账号操作不可控，高危操作易进行（删除宝贝、修改宝贝价格等）。

3）主账号操作不可查，责任无法对应操作人（主账号所做操作无法对应到员工）。

3. 子账号的功能

运营人员：可以使用子账号管理商品和店铺。

营销人员：可以使用子账号搭配套餐、发送优惠券。

物流人员：可以使用子账号发货、修改地址、使用物流小工具。

美工人员：可以使用子账号装修店铺。

4. 子账号的优点

1）清晰的组织结构。

2）更详细的员工权限分工。

3）提高员工管理效率。

项目 3

项目 3

宝贝管理

任务 1 发布宝贝

▌任务描述

时下，开网店已成为一种潮流，新手开店之后面临很多问题，产品发布及时与否直接关系着店铺的业绩。开通店铺后，卖家接下来的主要工作是发布自己的宝贝，在商品发布过程中，卖家需要先准备商品的实物图片与资料，然后逐步发布商品。发布宝贝有两种方法，一种是淘宝网直接发布，还有一种是借助于淘宝助理等软件发布。现在就如何在淘宝网上直接发布进行详细阐述。

▌方法/步骤

1）输入淘宝店铺的账号及密码，登录淘宝网，进入卖家中心。

2）单击"宝贝管理"列表中的"发布宝贝"链接（图 1-3-1），进入宝贝发布页面。

3）进入宝贝发布页面后，选择合适的类型，再根据宝贝的属性选择宝贝类型、型号等，选择完毕后，再单击"下一步，发布商品"按钮（图 1-3-2）。图示栏目根据商品自行选择。

4）填写宝贝基本信息，带*的都属于必填项目，没带*的属于选填项目，具体可以按照宝贝的实际情况进行填写（图 1-3-3～图 1-3-6）。

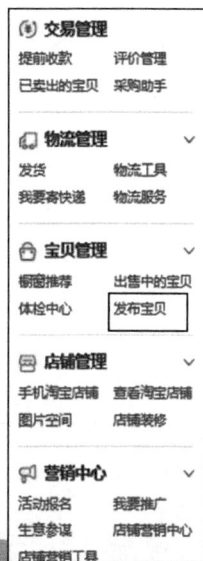

交易管理
提前收款　评价管理
已卖出的宝贝　采购助手

物流管理
发货　物流工具
我要寄快递　物流服务

宝贝管理
橱窗推荐　出售中的宝贝
体检中心　发布宝贝

店铺管理
手机淘宝店铺　查看淘宝店铺
图片空间　店铺装修

营销中心
活动报名　我要推广
生意参谋　店铺营销中心
店铺营销工具

图 1-3-1 "发布宝贝"链接

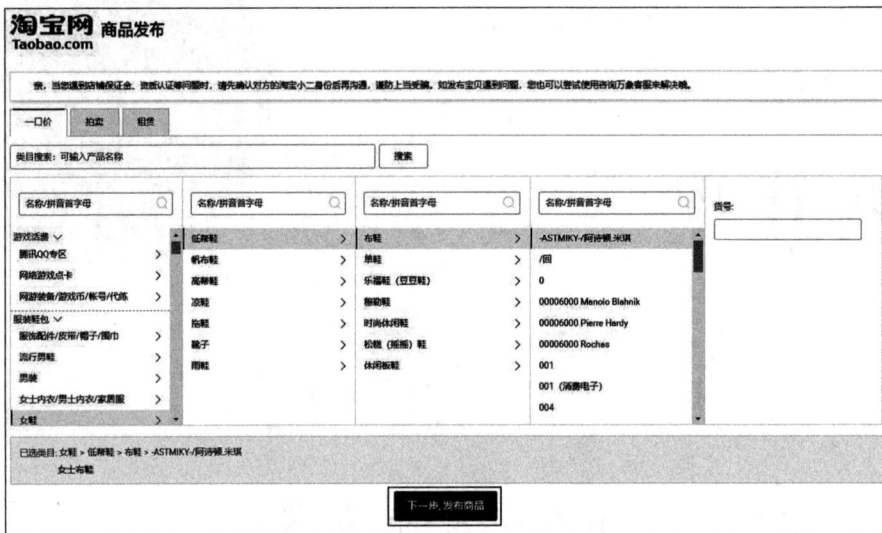

图 1-3-2　发布宝贝页面

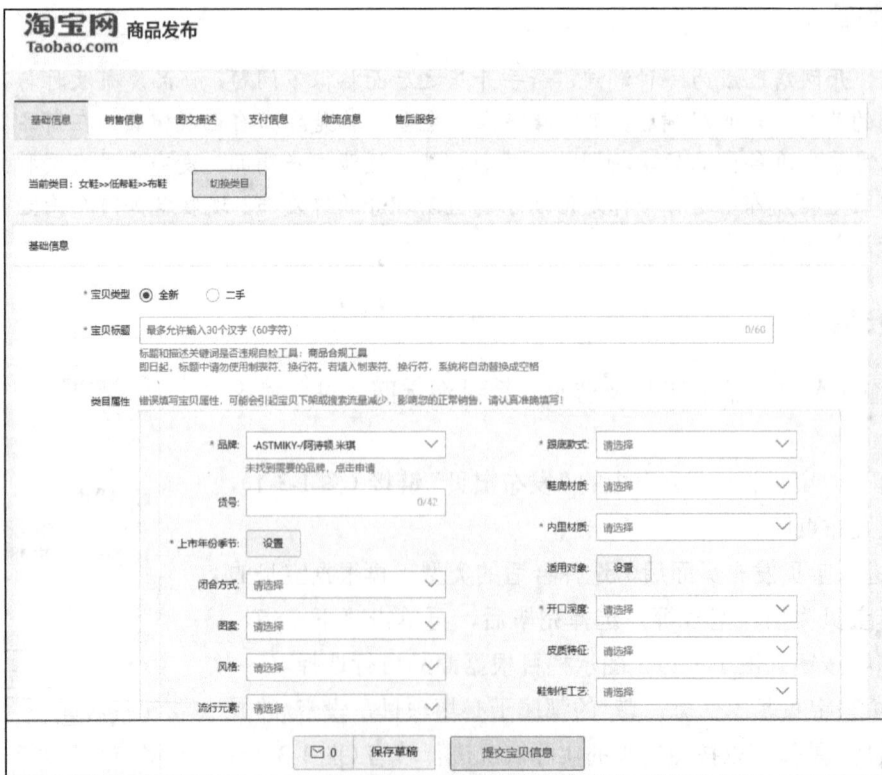

图 1-3-3　填写宝贝信息（1）

| 基础信息 | 销售信息 | 图文描述 | 支付信息 | 物流信息 | 售后服务 |

销售属性必须都要使用，颜色分类、颜色分类+尺码 请全选或不选，不能只设置一部分。

*颜色分类 请选择或直接输入主色，标准颜色可增加搜索机会，还可填写颜色备注信息（深浅、偏深等）！ 查看详情

| 选择或输入主色 | 备注（如偏深偏浅等） | 上传图片 |

开始排序

*尺码 选择标准尺码可增加搜索/导购机会，标准尺码还可填写尺码备注信息（偏大、偏小等）！ 查看详情

○ 欧码   ○ 英码   ○ 美码

| 请输入自定义值 ∨ | +添加 |

☐ 30	☐ 30.5	☐ 31	☐ 31.5	☐ 32
☐ 32.5	☐ 33	☐ 33.5	☐ 34	☐ 34.5
☐ 35	☐ 35.5	☐ 36	☐ 36.5	☐ 37
☐ 37.5	☐ 38	☐ 38.5	☐ 39	☐ 39.5
☐ 40	☐ 40.5	☐ 41	☐ 41.5	☐ 42
☐ 42.5	☐ 43	☐ 43.5	☐ 44	☐ 45

+添加尺码尺寸对照表 建议您填写尺码尺寸表，便于消费者下单得到更便捷的尺码推荐

+添加模型图和测量方法图

*一口价		元
*总数量		件
商家编码		0/64
商品条形码		0/32

| ✉ 0 | 保存草稿 | 提交宝贝信息 |

图 1-3-4　填写宝贝信息（2）

| 基础信息 | 销售信息 | 图文描述 | 支付信息 | 物流信息 | 售后服务 |

*电脑端宝贝图片 宝贝主图大小不能超过3MB；700*700以上图片上传后宝贝详情页自动提供放大镜功能，其五张图发布新白底图可增加手淘首页曝光机会 查看规范

宝贝主图				宝贝白底图
+	+	+	+	+
添加上传图片	添加上传图片	添加上传图片	添加上传图片	添加上传图片

主图视频比例 ○ 1:1或16:9   ○ 3:4

主图视频

▷ 选择视频	1.尺寸：此处可使用1：1或16：9比例视频
	2.时长：≤30s，建议30秒以内短视频可优先在聚划算等频道露出展现
	3.内容：突出商品1-2个核心卖点，不建议电子相册形式的图片翻页视频
	视频不会拍？ 查看完整教程（点击查看）

宝贝视频

| ▷ 选择视频 |

*电脑端描述 ○ 使用文本编辑   ○ 使用旺铺详情编辑器

| ✉ 0 | 保存草稿 | 提交宝贝信息 |

图 1-3-5　填写宝贝信息（3）

图 1-3-6　填写宝贝信息（4）

5）以上宝贝信息填写完毕后，可单击"预览"按钮，查看宝贝页面的预览情况，确认没问题之后再提交，这样宝贝就发布成功了。

知识点拨

宝贝的上传有两种方法：一种是直接在淘宝网上发布；另一种是借助工具软件发布，如淘宝助理、千牛等。

注意事项：

1）发布宝贝后不一定马上会出现在淘宝店铺，一般要审核 30 分钟。

2）上传宝贝后应在网店上详细记录宝贝的数量、特性、名称等信息资料，将宝贝的图片处理得更为真实、美观。

任务 2　宝 贝 下 架

任务描述

当店铺中有某些产品缺货时，为了避免出现因买家购买商品后无法供货等引发的不必要的争端，就需要提前把产品及时下架，停止销售。下架产品的时候可以单件下架，也可以多件同时下架。

方法/步骤

1）登录淘宝网首页，单击界面顶部右侧"卖家中心"，进入卖家中心管理店铺（同上架第一步）。

2）单击"宝贝管理"中的"出售中的宝贝"链接，进入卖家中心列表中的"出售中的宝贝"界面（图1-3-7），可以看到店铺中正在出售的宝贝。

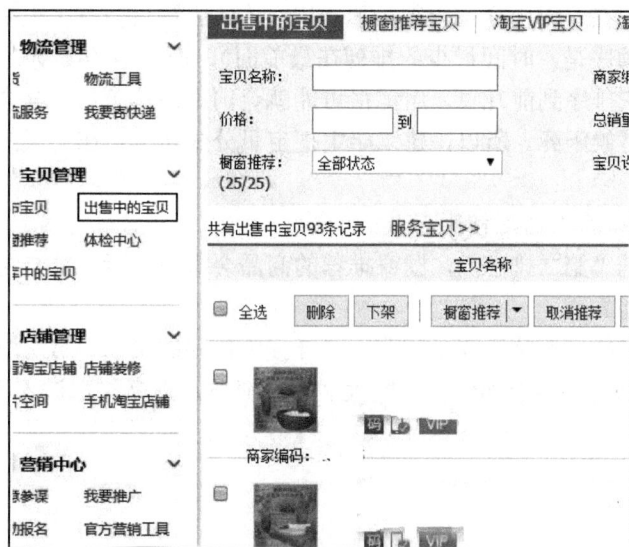

图1-3-7　"出售中的宝贝"界面

3）勾选要下架的宝贝后，单击"下架"按钮（图1-3-8）。

图1-3-8　下架操作

4）这时，下架的产品会转移到"仓库里的宝贝"列表中，后期可以根据到货情况随时将产品重新上架。

5）为了合理安排下架产品，也可以选择淘宝相关工具软件批量处理，如淘宝助理、千鱼淘宝助手、酷宝淘宝宝贝等。

■知识点拨

上架时间的设置如下。

1）上架尽量安排在流量高峰期。

据统计，一般在上午 9:00～11:00、下午 14:00～17:00、晚上 19:00～22:00 网上人流量最多。同样，中午 12:00～13:00 也可以重视，因为在网上购买东西的买家大部分是上班族。因而可以在上述流量高峰期每隔几分钟发布或者用工具软件定时上架一个宝贝。

2）不要将宝贝设置在一天内全部上架。

如果将宝贝设置在一天内全部上架，那一周之内，店铺只会有 1 天是排名靠前的（前面提到过，宝贝排列顺序是，时间最少的排列在最前面），而其他的 6 天时间，由于店铺没有快下架的宝贝，无法排序到前几页，店铺很可能就会门庭冷落了。这样会导致两个极端，忙的时候忙死，闲的时候闲死。所以，建议店主把宝贝分成 7 批，在 7 天的不同时间段内，分批上架。

3）结合"橱窗推荐"搭配使用。

正如前面提到的"第二排序"，橱窗推荐的商品会靠前展示。结合这一特性，能帮助店主的宝贝排序尽可能靠前。

操作方式为橱窗推荐濒临下架的宝贝。这样搜索排序的第二、第三规则就都很好地利用到了。排名靠前再靠前，事半功倍，也能大大增加流量，提高买家进入店铺的概率。

模 块 2

商品图片的美化

学习目标

整齐划一的造型、清爽干净的图片排布容易让大家对网店产生一个良好的印象，树立一个店铺的整体形象。本模块通过2个项目讲解商品图片的美化。

使用光影魔术手美化图片

任务1 图片裁剪

■ 任务描述

在拍摄的过程中，难免会有意外插曲，有时在拍摄的当下可能会没注意到边边角角多了某个黑影，或是水平线有点歪之类的，这时候可以通过旋转和裁切来补救一下。

■ 方法/步骤

1）双击光影魔术手图标，打开光影魔术手软件，打开指定图片，如图 2-1-1 所示。

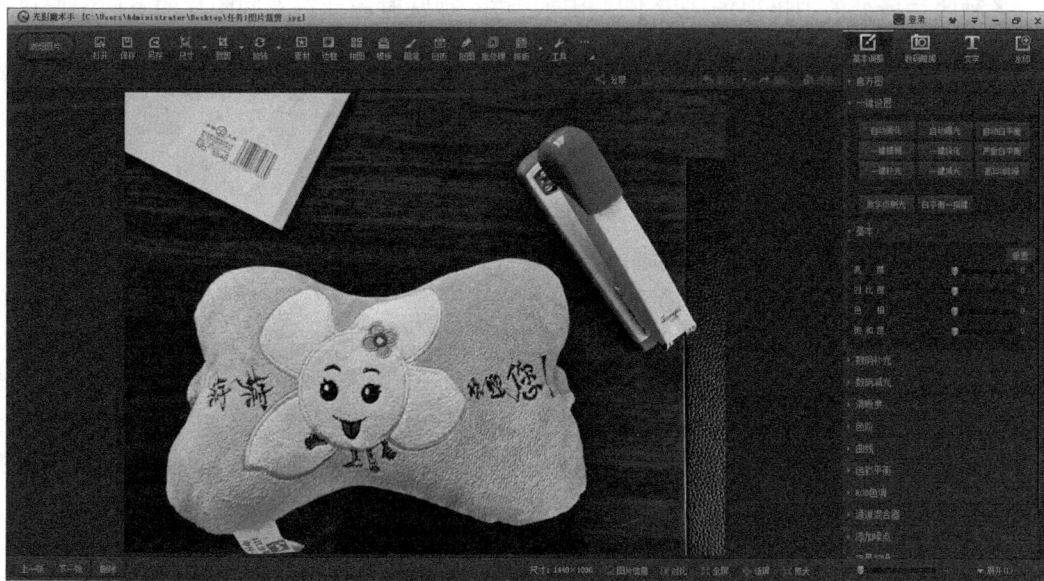

图 2-1-1 打开指定图片

2）单击"裁剪"按钮，拖动鼠标选择需要保留的区域，之后双击即可（图2-1-2）。

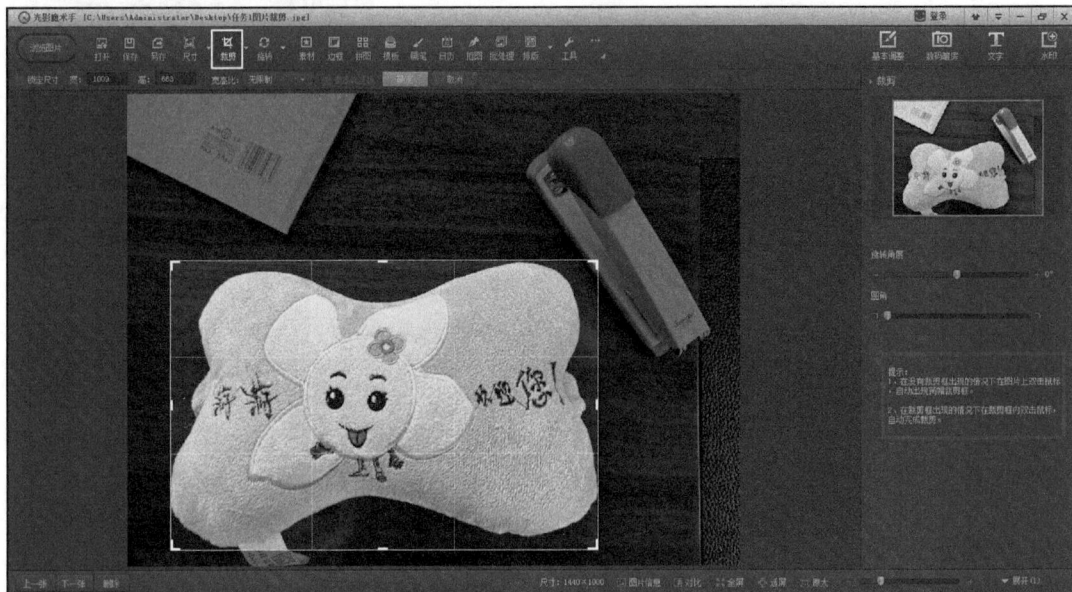

图 2-1-2　裁剪图片

3）单击"保存"按钮，保存图片。

■ 知识点拨

各种照片所处的拍摄现场环境不尽相同，进行剪裁时应针对不同照片的不同情况进行"对症治疗"，同时还应当考虑照片剪裁后的用途和作者拍摄时的主要意图。例如，人像照片的剪裁需要以突出人物、强调环境为主体人物服务的基本原则。以下以人像剪裁为例介绍几种常见的剪裁方法。

1. "前多后少"剪裁法

所谓"前多后少"，是指被拍摄主体前方应当比身后留有更多画面空间的裁切方法。这种方法包括两方面具体要求：一是给被拍摄人物预留出"前进""发展"的空间；二是视线前方应有向外延伸的空间。同时，在被拍摄人物周围也都要留出合理的空间，而人物所处画面中的位置应当恰到好处，不能简简单单地处理成上、下、左、右平均分。在对人像照片进行裁切时，如果要剪裁掉部分四肢的话，有些原则是一定要遵从的。例如，要剪裁掉腿部，就不能从臀部剪裁；只有胳膊没有手也是剪裁中的一大忌讳。一般情况下，突出面部表情的特写照，可以从胸部以上剪裁，腿部的剪裁可以从臀部以下，也可以直接从腰部剪裁。

2. 环境服务人物剪裁法

带有环境背景或前景的人像照片剪裁以后，人与其所处的周围环境应当和谐统一，整个画面的色彩、影调应当协调一致，不可让环境中的景物喧宾夺主，争抢了观众的视线。

3. 证件照的剪裁法

证件照的剪裁不同于普通人像，拍摄时必须采用单色背景，如身份证、护照使用的照片背景须是白色，其他证件照通常用红色、蓝色或白色。这类照片剪裁方法比较简单，按照一定的尺寸剪裁即可。常用证件照尺寸如下：一寸证件照 2.5cm×3.5cm；二寸证件照 3.5cm×4.9cm；小二寸证件照 3.3cm×4.8cm。

任务 2　多张图片拼图

任务描述

将多张图片拼在一起，是组合效果的常用方法，在网店经营中应用广泛。

方法/步骤

1）双击光影魔术手图标，打开光影魔术手软件，单击"拼图→模板拼图"命令，如图 2-1-3 所示。

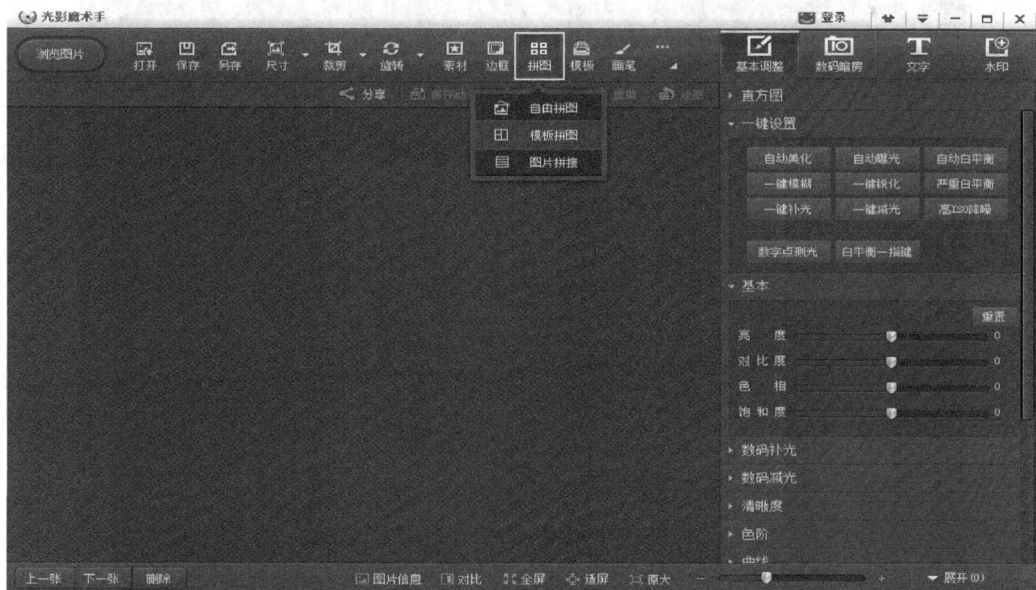

图 2-1-3　单击"拼图→模板拼图"命令

2）在"模板"下方，通过 ◀ ▶ 翻页，选择如图 2-1-4 所示的模板，单击"添加多张图片"按钮，添加图片。

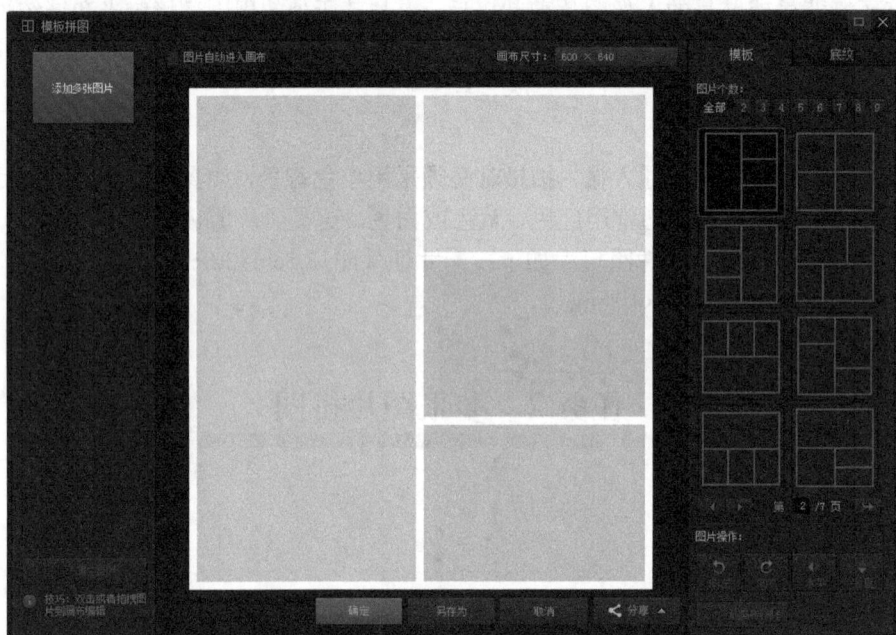

图 2-1-4　选择模板，添加图片

3）将相应图片拖到目的框中（图 2-1-5 和图 2-1-6）。

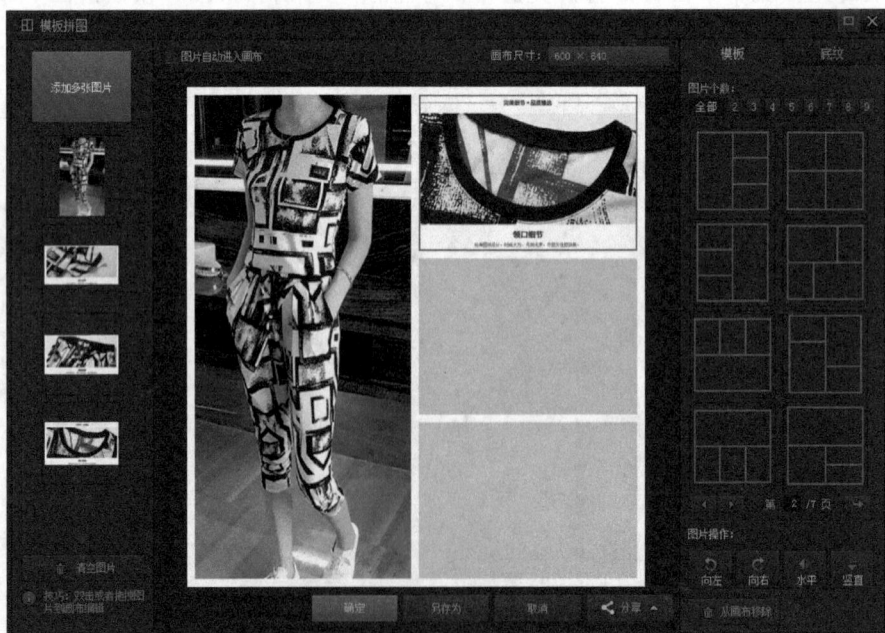

图 2-1-5　将相应图片拖到目的框中（1）

图 2-1-6　将相应图片拖到目的框中（2）

4）单击"确定"按钮回到图 2-1-7 所示页面，然后单击"保存"按钮，保存图片。

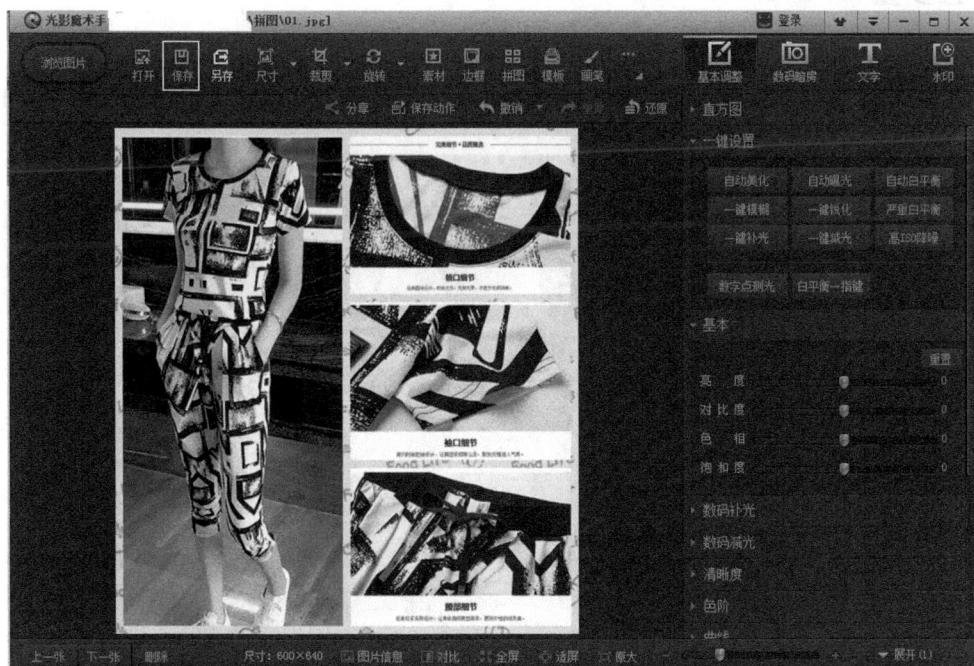

图 2-1-7　拼图效果

知识点拨

制作拼图图片的注意事项：

1）尽量将相关的商品图片放在一张图片上。

2）选择适合自己商品的模板。

3）图片不要太大，否则容易导致图片在宝贝描述中引用时因打不开或打开速度慢而引起客户的不耐烦。

任务 3 给图片加水印

任务描述

给图片加水印，不但能够维持自己图片的版权，还能够独家发布署名的作品。当然，这也是一种非常流行的推广信息手段，在照片流传的过程中起到宣传的作用。

方法/步骤

1）双击光影魔术手图标，打开光影魔术手软件。

2）单击图 2-1-3 中的"打开"按钮，在弹出的对话框中选择素材图片（图 2-1-8 和图 2-1-9）。

图 2-1-8 选择素材图片（1）

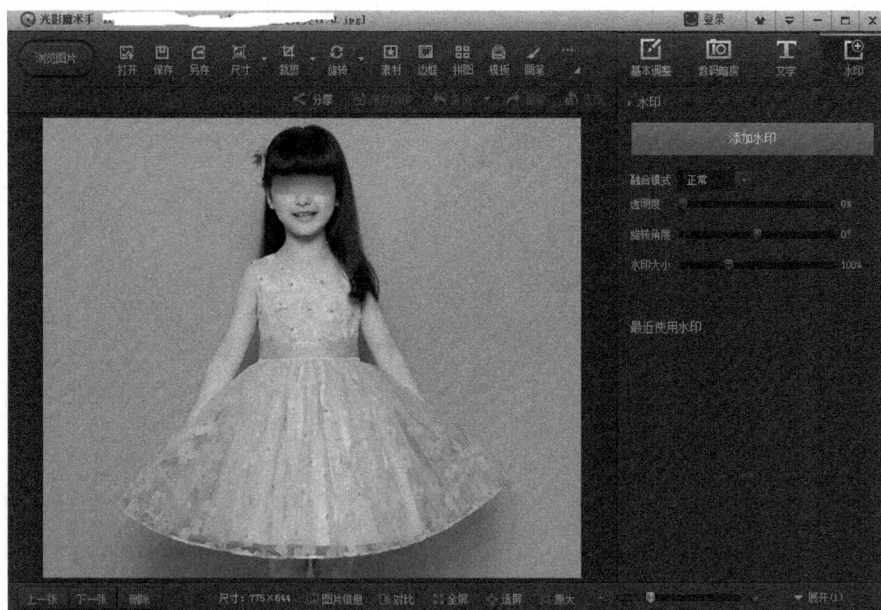

图 2-1-9　选择素材图片（2）

　　3）单击"添加水印"按钮，在弹出的对话框中选择素材图片，将素材图片放到合适的位置（图 2-1-10）。

图 2-1-10　选择素材图片（3）

4）重复以上操作，将两张水印图片放到合适的位置（图 2-1-11）。

图 2-1-11　将水印图片放到合适的位置

5）单击"文字"按钮，添加新的文字"依依童装"（图 2-1-12）。

图 2-1-12　添加文字

6）设置文字颜色和字号（图 2-1-13）。

图 2-1-13　设置文字颜色和字号

7）设置透明度为 69%，旋转角度为 14°（图 2-1-14）。

图 2-1-14　设置透明度和旋转角度

8）单击"保存"按钮，保存处理过的图片。

知识点拨

建议做水印时用的图用 PSD 格式保存起来，可方便日后维护及调整处理。

任务 4 替 换 背 景

任务描述

想要将一张图片中的人物或物件抠出来，然后替换它的背景（或背景颜色），光影魔术手能够比较容易地实现这个目标。

方法/步骤

1）双击光影魔术手图标，打开光影魔术手软件，打开素材图片（图 2-1-15）。

图 2-1-15 打开素材图片

2）单击"画笔"右侧图标下的小三角，在下拉列表中选择"抠图→自动抠图"命令（图 2-1-16）。当然也可以选择"手动抠图"，不过，手动抠图不容易操作，要比较有耐心才行。自动抠图也有缺陷，如果背景与所想要抠取的物体的色差不大时，抠图效果不好。

图 2-1-16　选择"自动抠图"命令

3）打开"自动抠图"对话框，可以通过放大缩小来调整图片的尺寸，在对话框右侧有"选中笔"与"删除笔"两种画笔可供选择，这里使用选中笔（图 2-1-17）。因为这里是选中涂画对象，所以在保留区域处应选中"当前选中区域"单选按钮。

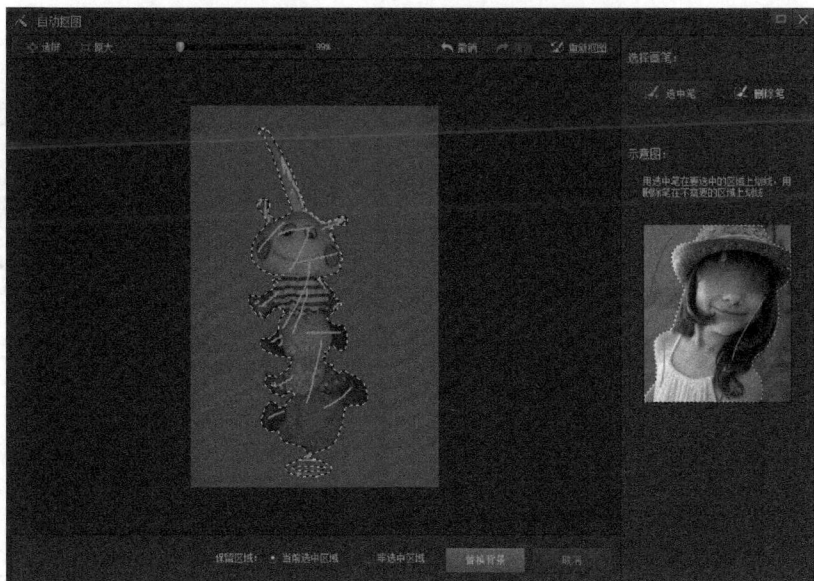

图 2-1-17　使用选中笔

4）单击对话框下方的"替换背景"按钮，在对话框右侧会出现各种颜色可供选择，也可以调取电脑存有的图片作为背景，背景选择完成后单击"确定"按钮，退出"自动抠图"对话框（图 2-1-18）。

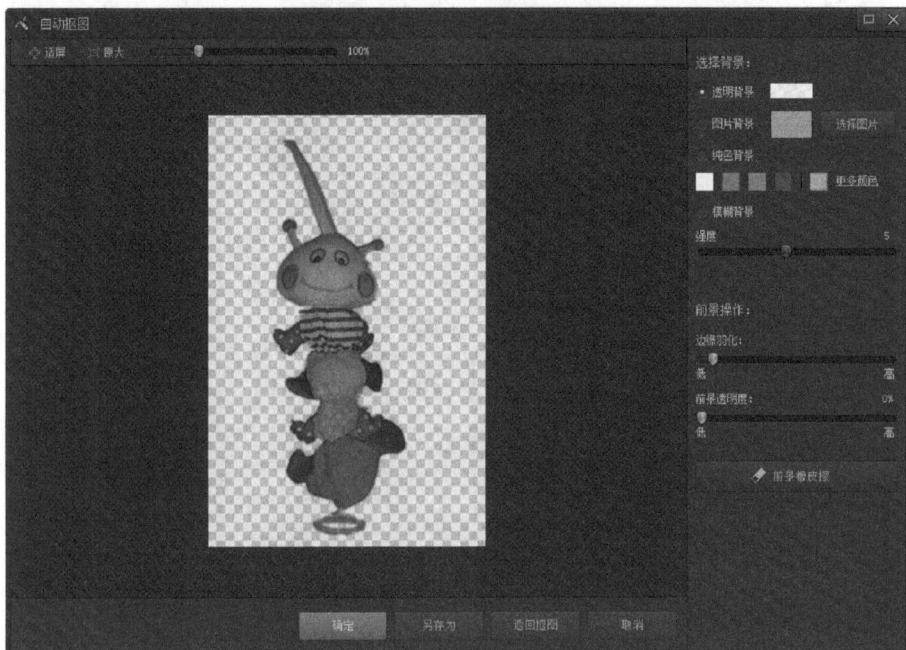

图 2-1-18　替换背景

5）单击"基本调整"按钮，选择曲线，调整曲线使图片整体变亮（图 2-1-19）。

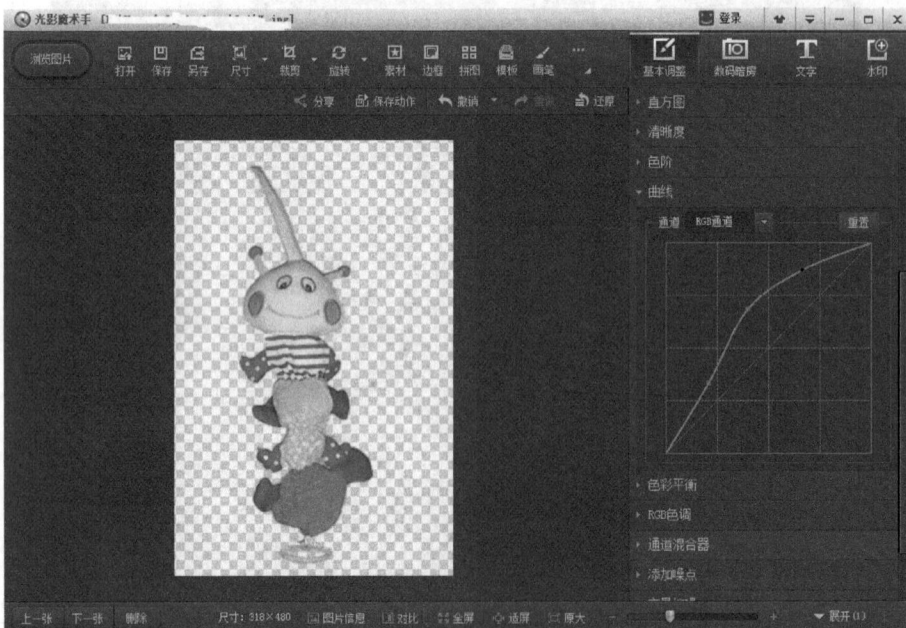

图 2-1-19　选择曲线调整

6）将调整后的图片另存为 JPG 文件，重新打开这个文件，单击水印标签添加水印。选择图片文件，设置旋转角度为-53°，水印大小为 78%，融合模式为正片叠底（图 2-1-20）。

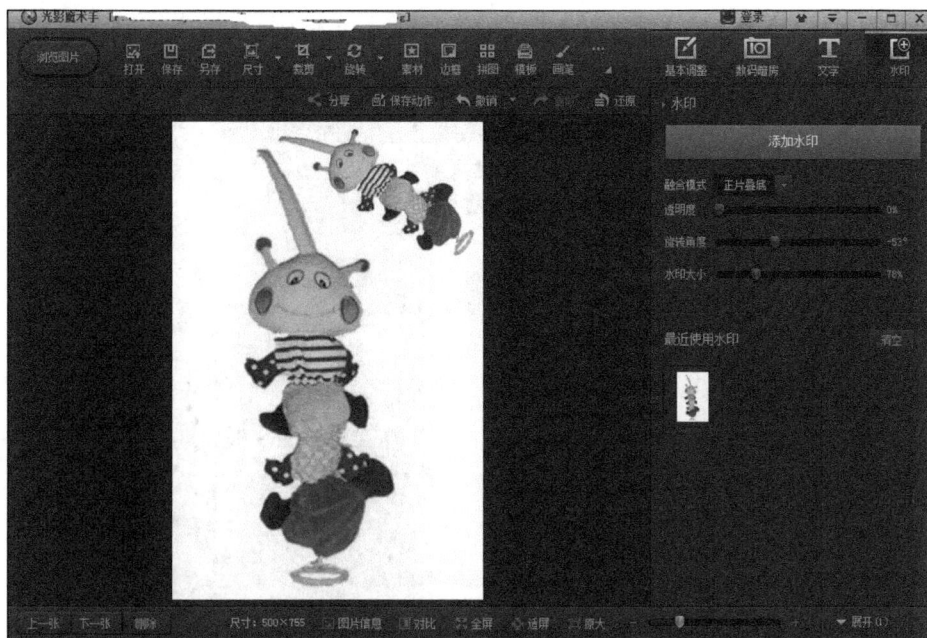

图 2-1-20 添加水印

7）选择"边框→轻松边框"命令，在弹出的"轻松边框"对话框中选择如图 2-1-21 所示的边框。

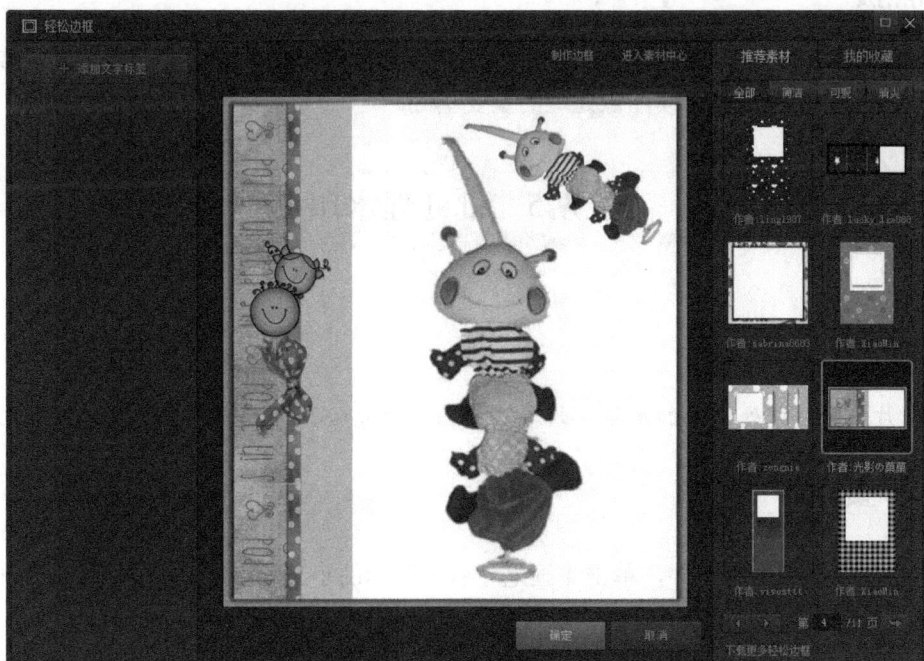

图 2-1-21 选择边框

8）单击"确定"按钮，返回软件页面，单击"保存"按钮保存图片，如图 2-1-22 所示。

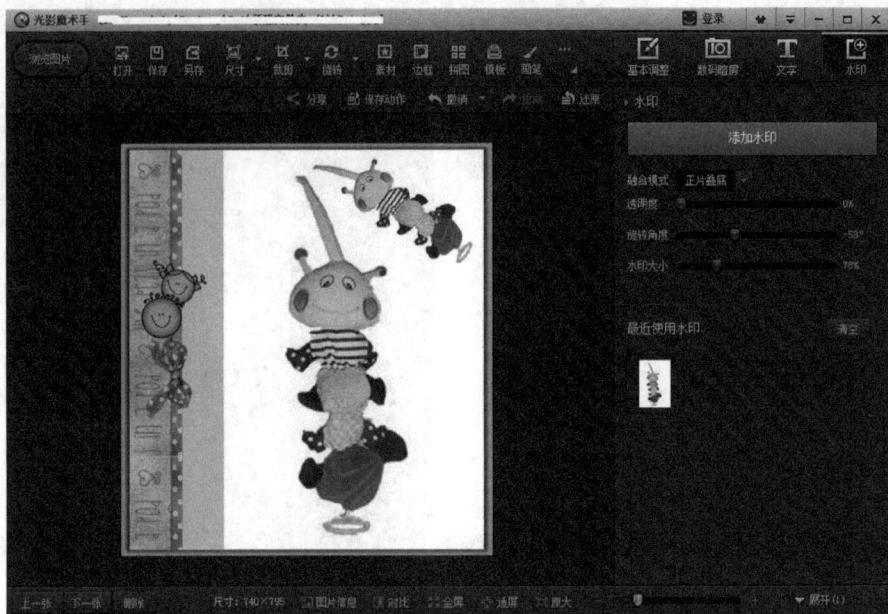

图 2-1-22　保存图片

▌知识点拨

"抠图"是图像处理中常用的操作之一，将图像中需要的部分从画面中精确地提取出来，我们就称为抠图，抠图是后续图像处理的重要基础。

任务 5　批处理水印

▌任务描述

对图片一张一张处理添加水印，效率较低。光影魔术手的"批处理"可以解决此问题。

▌方法/步骤

1）启动光影魔术手软件，单击"画笔"右侧图标的小三角，在弹出的下拉列表中单击"批处理"命令（图 2-1-23），打开"批处理"对话框。

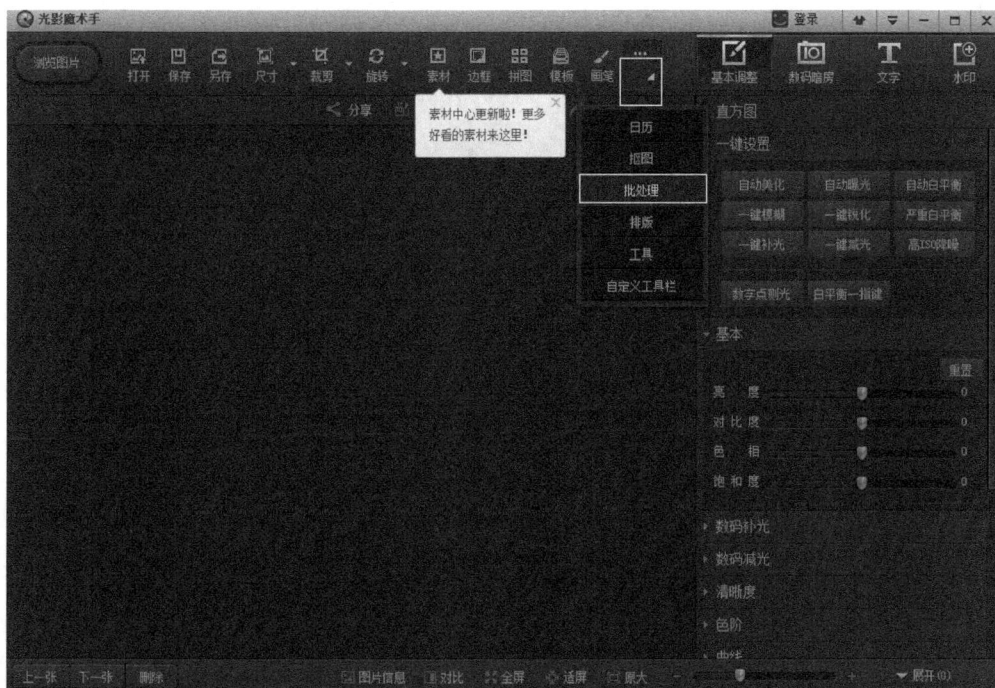

图 2-1-23   选择"批处理"命令

2）在"批处理"对话框（图 2-1-24）中，单击"添加文件夹"按钮。

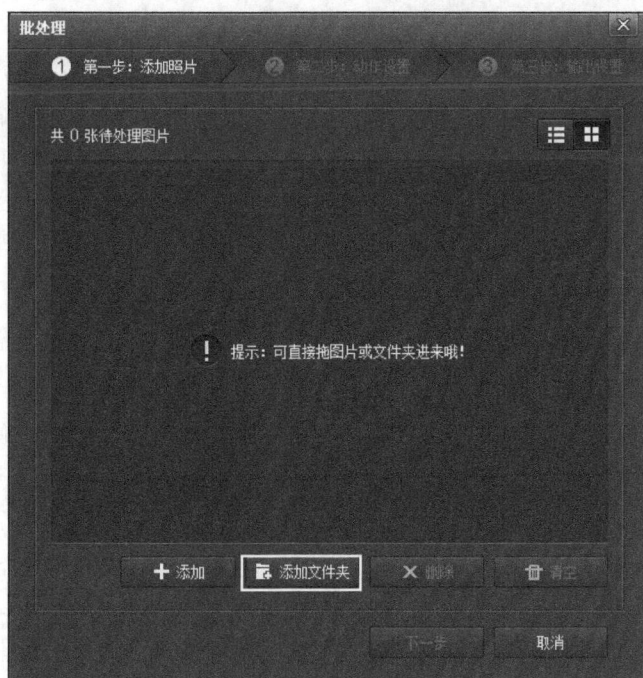

图 2-1-24   "批处理"对话框

3）在弹出的"请选择要添加的文件夹"对话框中，选择相应的文件夹（图 2-1-25）。

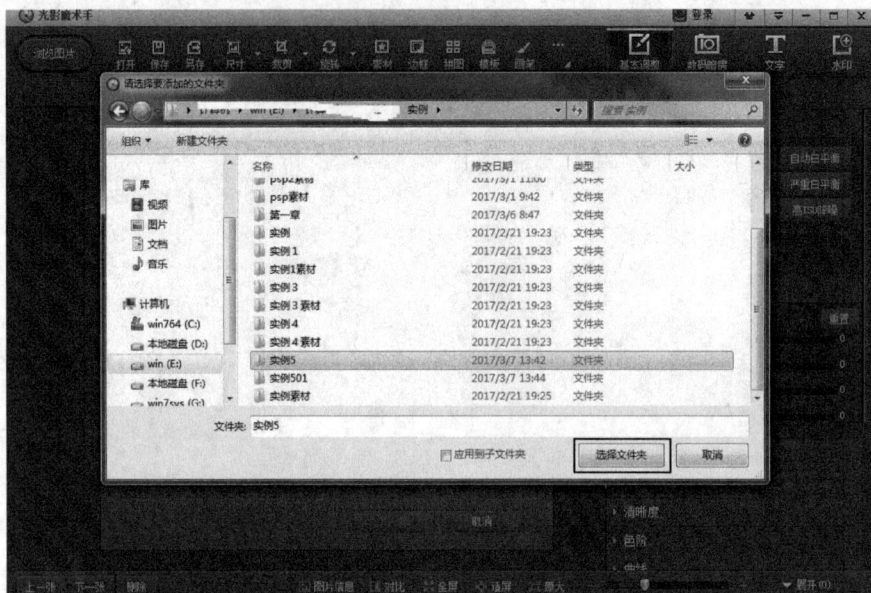

图 2-1-25 "请选择要添加的文件夹"对话框

4）添加待处理图片后，单击"下一步"按钮（图 2-1-26）。

图 2-1-26 添加图片

5）选择动作设置，在指定路径选择水印图片添加水印（图 2-1-27～图 2-1-29）。

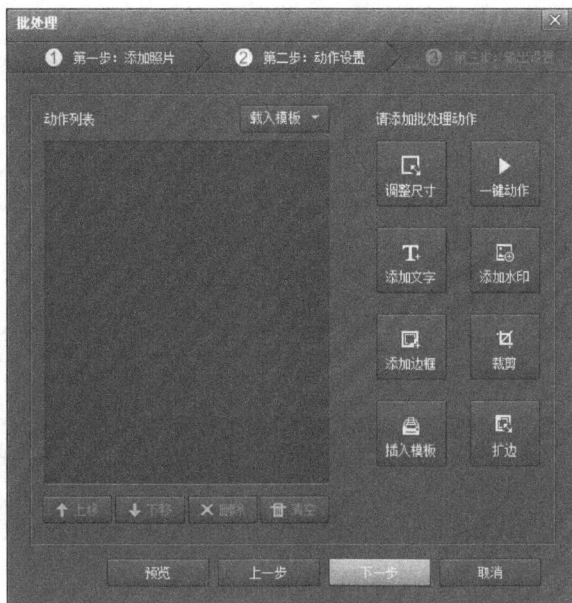

图 2-1-27　动作设置

图 2-1-28　选择水印图片

图 2-1-29　添加水印

6）设置水印图片参数，融合模式为正片叠底，透明度为 43，旋转角度为-20°，垂直边距为 24.7%，如图 2-1-30 所示。

图 2-1-30　水印图片参数设置

7）参数设置完成后，单击"开始批处理"按钮，完成批处理（图 2-1-31）。

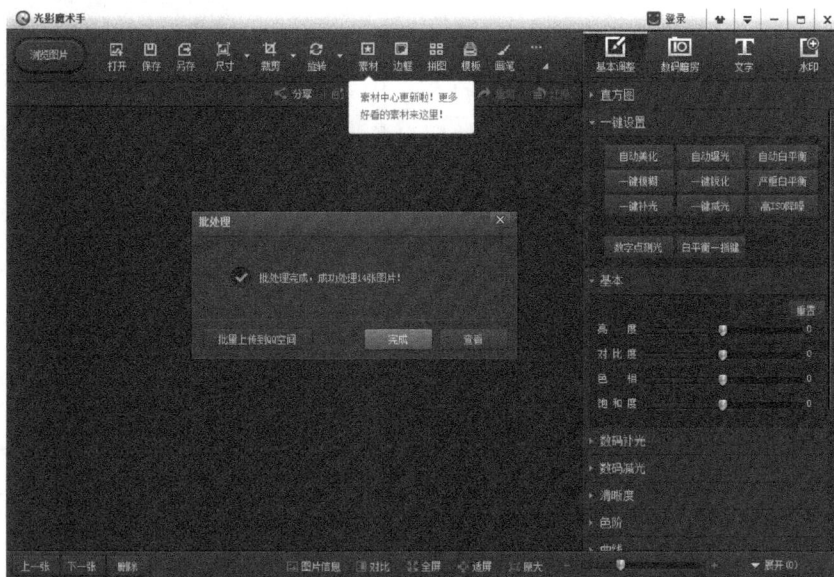

图 2-1-31　进行批处理

8）查看效果，整个文件夹中的所有图片都加了水印（图 2-1-32）。

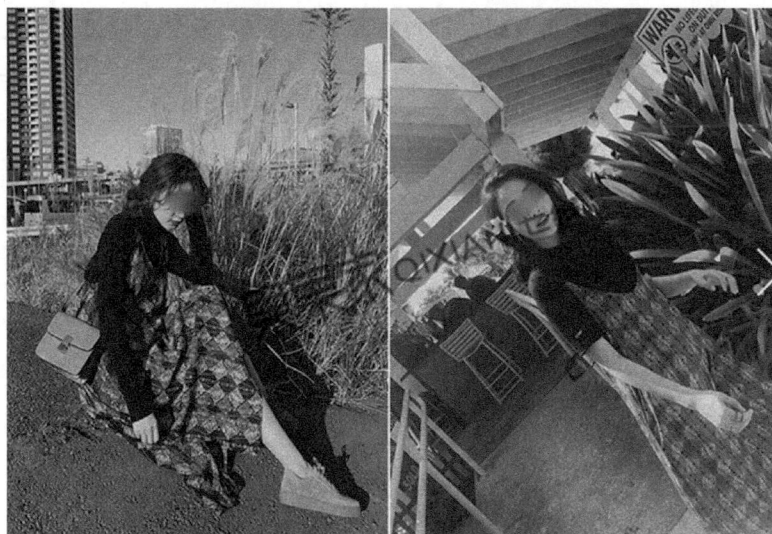

图 2-1-32　查看效果

▌知识点拨

批处理是指同时对很多图片进行操作，支持批量缩放、批量正片等，适合大量冲印前处理。

使用 Photoshop 图像处理
软件美化图片

任务 1　抠　　图

任务描述

　　Photoshop 提供了三种选择工具组，分别为选框工具组、套索工具组和快速选择工具组，可以根据不同的情况选择合适的工具来选取对象。本任务主要使用"矩形选框工具"和"磁性套索工具"选取对象，配合羽化效果，移动对象至另一张图片中，并进行适当变换，使原来的图片产生不同的效果。

方法/步骤

　　1）启动 Photoshop 软件后，选择"文件→新建"命令，在弹出的"新建"对话框中，进行如图 2-2-1 所示的设置。

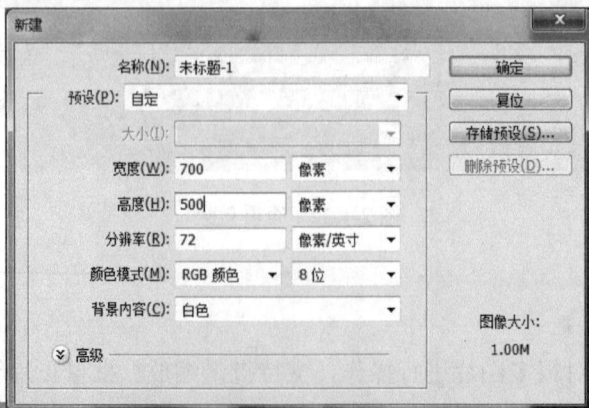

图 2-2-1　"新建"对话框

2）设置好参数后，单击"确定"按钮，新建文件，如图 2-2-2 所示。

图 2-2-2　新建文件

3）选择"文件→打开"命令，将任务 1"1.jpg"文件打开，如图 2-2-3 所示。

图 2-2-3　打开"1.jpg"文件

4）选择"文件→打开"命令，将任务 1"2.jpg"文件打开，如图 2-2-4 所示。

图 2-2-4 打开"2.jpg"文件

5）用鼠标拖动"2.jpg"文件的标题栏，使该文件成为浮动窗口，如图 2-2-5 所示。

图 2-2-5 使"2.jpg"文件成为浮动窗口

6）建立如图 2-2-6 所示的矩形选区。在工具箱中选择"移动工具"命令，在"2.jpg"文件中，拖动对象向左侧移动，将对象移动到新建的文件中，并关掉"1.jpg"文件，如图 2-2-6 所示。

图 2-2-6　建立矩形选区

7）选择"编辑→变换→缩放"命令，显示定界框，将光标放置在定界框四周的控制点上，拖动鼠标缩小对象，按 Enter 键确认缩放，如图 2-2-7 所示。

图 2-2-7　缩放图片

8）再次选择"文件→打开"命令，将任务 1 "1.jpg" 文件打开，如图 2-2-3 所示。

9）用鼠标拖动"1.jpg"文件的标题栏，让该文件成为浮动窗口，如图 2-2-8 所示。

图 2-2-8　使"1.jpg"文件成为浮动窗口

10）在工具箱中，按住"套索工具"不放，选择工具组中的"磁性套索工具"，在图像中单击，确认起始点，沿着图像的边缘拖动，当起点与起始点重合时，单击即可创建一个如图 2-2-9 所示的图像选区。

图 2-2-9　图像选区

11）选择"选择→修改→羽化"命令，在弹出的"羽化选区"对话框中，设置羽化半径的值为 5，单击"确定"按钮退出（图 2-2-10）。

图 2-2-10　设置羽化值

12）在工具箱中选择"移动工具"命令，在"1.jpg"文件中，拖动对象向左侧移动，将对象移动到新建的文件中（图 2-2-11）。

图 2-2-11　使用移动工具

13）选择"编辑→变换→缩放"命令，显示定界框，将光标放置在定界框四周的控制点上，拖动鼠标缩小对象，按 Enter 键确认缩放，放到合适的位置。重复步骤 12）和步骤 13）的操作，如图 2-2-12 所示。

图 2-2-12　重复步骤 12）和步骤 13）的操作

14）细微调整葫芦对象的合适位置。最终效果如图 2-2-13 所示。

图 2-2-13　最终效果

知识点拨

1. 图像分辨率

图像分辨率是指图像中存储的信息量，是每英寸图像内像素点的个数。一幅图像的质量与图像分辨率有关，同样大小的图像，其分辨率越高，图像越清晰。

2. 图像颜色模式

1）位图模式：位图模式图像的每个像素仅以 1 位表示，即其强度要么为 0，要么为 1，分别对应颜色的黑与白。

2）灰度模式：这是 Photoshop 软件处理图像的过程中广泛运用的一种模式。灰度图像中只有灰度颜色而没有彩色。Photoshop 软件将灰度图像看成只有一种颜色通道的数字图像。

3）RGB 模式：又称为真彩色模式，是电脑美工设计人员最熟悉的色彩模式。RGB 模式是将红（red）、绿（green）、蓝（blue）3 种基本颜色进行颜色加法（加色法），配置出绝大部分肉眼能看到的颜色，RGB 模式一般用于图像处理。

4）CMYK 模式：这是一种印刷模式，其中的 4 个字母分别是指青色（cyan）、洋红（magenta）、黄色（yellow）和黑色（black）。这 4 种颜色通过减色法形成 CMYK 颜色模式，其中的黑色是用来增加对比以弥补 CMY 产生的黑度不足。CMYK 模式在本质上与 RGB 模式没有什么区别，只是在产生色彩的原理上有所不同，CMYK 模式一般只用于印刷。

5）Lab 颜色模式：这个模式是以一个亮度分量 L 以及两个颜色分量 a 与 b 来表示颜色的。通常情况下，Lab 模式很少使用，该模式是 Photoshop 软件的内部颜色模式，它是图像由 RGB 模式转换为 CMYK 模式的中间模式。

3. 常用工具及命令

1）羽化命令：通过建立选区和选区周围像素之间的转换边界来模糊边缘。

2）磁性套索工具：用于选取复杂的不规则选区，以及边缘与背景对比强烈的图像。

3）套索工具：用于创建不规则的选区，通过鼠标移动位置手动创建任意形状的选区。

4）缩放命令：可放大和缩小对象，在拖动鼠标的同时按住 Shift 键，可等比例缩放对象。

5）自由变换命令：结合 Shift、Alt、Ctrl 这 3 个键使用，可以任意地变换图像，其中 Alt 键控制图像以中心点为对称中心变化，Shift 键控制对象角度的变化和长度比例，Ctrl 键控制对象自由变换。

6）矩形选框工具：主要用于创建矩形选区，在拖动鼠标的同时按住 Shift 键，可以创建正方形选区。

7）椭圆选框工具：主要用于创建椭圆形选区，在拖动鼠标的同时按住 Shift 键，可以创建椭圆形选区。

任务 2　图片对象色彩变化

■ 任务描述

本任务利用快速选择工具组魔棒工具配合使用图像色相饱和度的调整，使衣服色彩发生相应的变换。

■ 方法/步骤

1）选择"文件→打开"命令，将任务 2 "1.jpg"文件打开，如图 2-2-14 所示。

图 2-2-14　打开"1.jpg"文件

2）选择"工具箱→快速选择工具组→魔棒工具"命令，用鼠标创建选区（图 2-2-15），被选择的选区区域出现一闪一闪的虚线。

3）单击"魔棒工具"按钮，合理利用"添加到选区"与"从选区中减去"这两个功能，建立如图 2-2-16 所示选区。

图 2-2-15　创建选区

图 2-2-16　建立选区

4）选择"图像→调整→色相/饱和度"命令（图 2-2-17），调出"色相/饱和度"对话框。

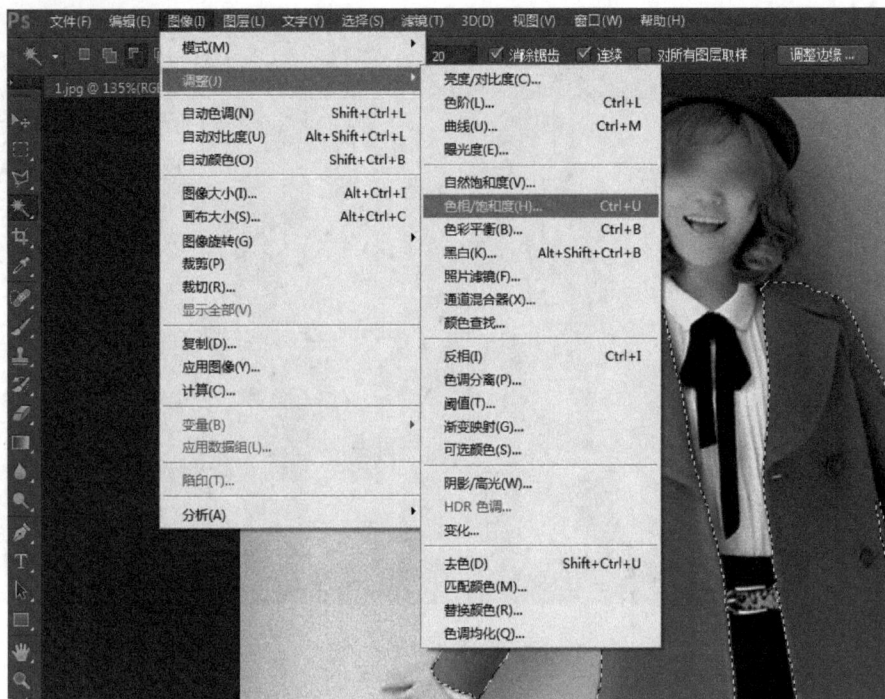

图 2-2-17　"色相/饱和度"命令

5）在"色相/饱和度"对话框中设置色相为-56，如图 2-2-18 所示，单击"确定"按钮。

图 2-2-18　"色相/饱和度"对话框

6）选择"文件→存储"命令，在弹出的"存储为"对话框中输入文件名、选择文件格式后，单击"保存"按钮，保存文件（图 2-2-19）。重复步骤 4）～6），调整色相分别为-163、63，可以得到不同颜色的衣服。

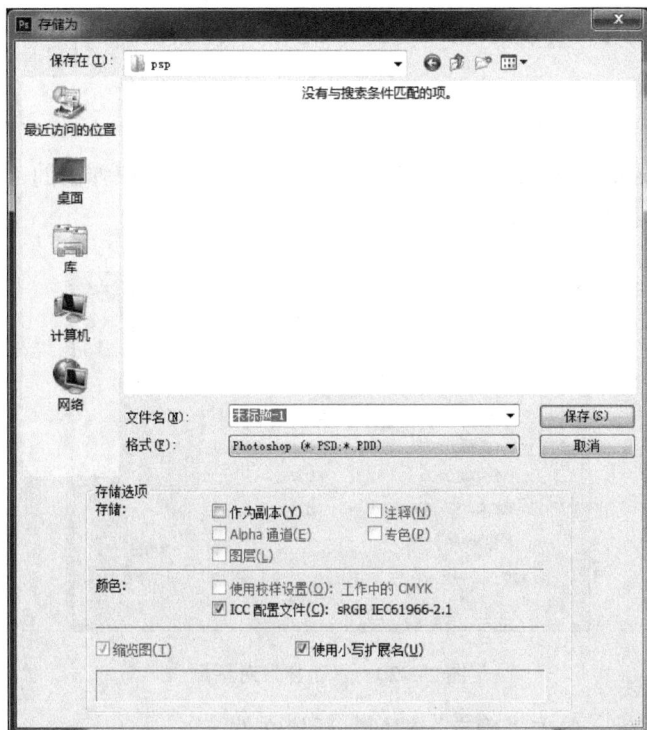

图 2-2-19 "存储为"对话框

知识点拨

色相：包含红、黄、蓝等几个色族，这些色族称为色相。基本色相有红、橙、黄、绿、蓝、紫。

饱和度：色彩的纯度或色彩的鲜艳程度，越鲜艳越饱和。

明度：也叫色度，是指色彩的明暗程度。

移动工具：主要用于对图像或选区进行选择、移动、变换，设置对齐方式和分布方式。

魔棒工具：用于在颜色相近的图像区域中创建选区，只需单击即可对颜色相同或相近的图像进行选择。

容差：用来控制颜色的误差范围，值越大，选择区域越广，数值范围在 0～255，默认值为 32。

任务3 图片合成

任务描述

本任务主要使用"裁剪工具"裁除不需要的图像，通过"复制图层"得到相同的图层，再进行图层的水平翻转，拼合图像，得到"双胞胎"的效果。

方法/步骤

1）启动 Photoshop 软件后，选择"文件→新建"命令，在弹出的"新建"对话框中，进行如图 2-2-20 所示设置。

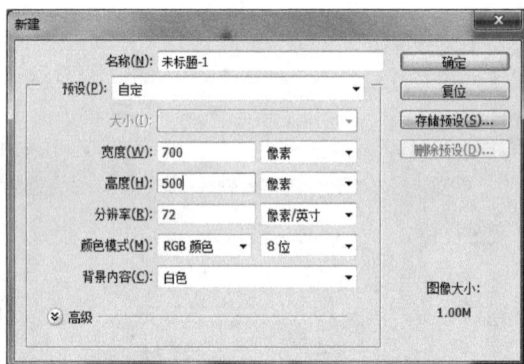

图 2-2-20 "新建"对话框

2）设置好参数后，单击"确定"按钮，新建文件。

3）选择"文件→打开"命令，将任务 3"1.jpg"文件打开，如图 2-2-21 所示。

图 2-2-21 打开"1.jpg"文件

4）选择工具箱中的"裁剪工具"，在图像上拖动鼠标，创建一个变换控制框，如图 2-2-22 所示。

图 2-2-22　创建变换控制框

5）适当调整变换控制框的大小，按 Enter 键确认裁剪，如图 2-2-23 所示。

图 2-2-23　裁剪后效果

6）用鼠标拖动"1.jpg"文件的标题栏，让该文件成为浮动窗口，在工具箱中选择"移动工具"，在"1.jpg"文件中，拖动对象向左侧移动，将对象移动到新建的文件中，并关掉"1.jpg"文件，如图 2-2-24 所示。

7）调整合适的大小与位置，在"图层"面板中双击新建图层的图层名，把图层重命名为"右边"，并右击右边图层，在弹出的快捷菜单里选择"复制图层"命令，在弹出的"复制图层"对话框里，"为"右侧文本框中输入图层名称"左边"，单击"确定"按钮，如图 2-2-25 所示。

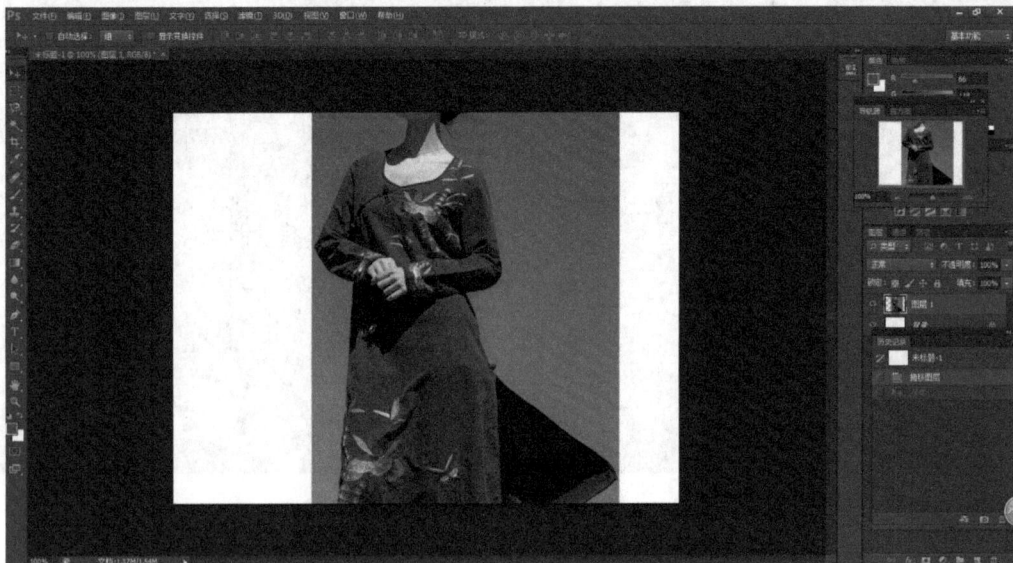

图 2-2-24 使用"移动工具"

图 2-2-25 复制图层

8）选择"编辑→变换→水平翻转"命令翻转图像，使用"移动工具"将水平翻转后的图像移到合适的位置，如图 2-2-26 所示。

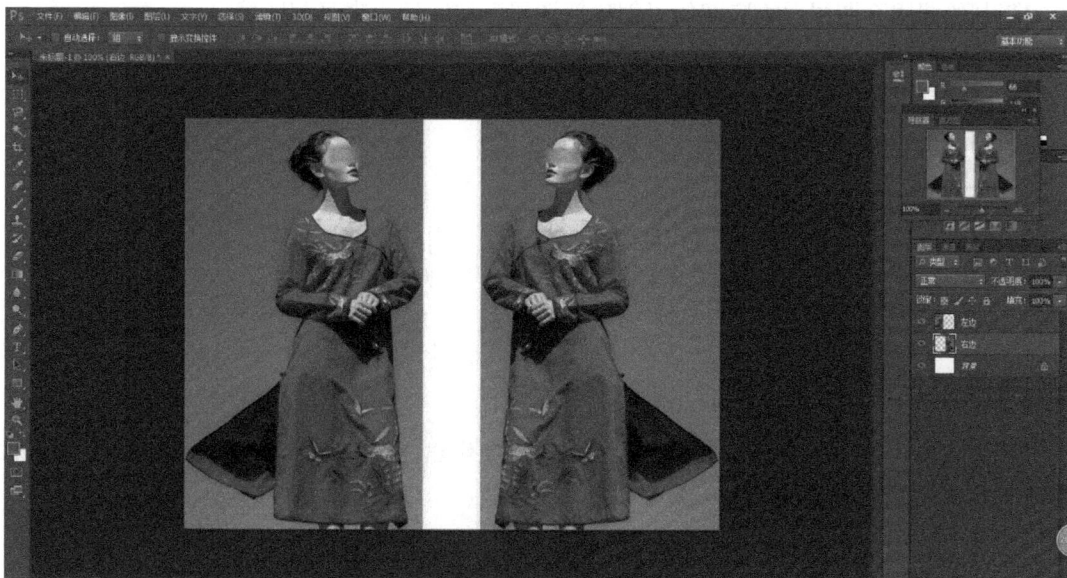

图 2-2-26　翻转并移动图像

9）选择工具箱中的"竖排文字工具"在工具属性栏中，设置文本参数，字体为华文行楷，字号为 72。效果如图 2-2-27 所示。

图 2-2-27　最终效果

■知识点拨

1）裁剪工具：将图像边缘多余的部分裁去，可以对裁剪框进行旋转、变形和设定裁剪的分辨率。

2）复制图层：将选定的图层进行复制，得到一个与原图层相同的图层。直接拖动需要进行复制的图层至图层面板底部的"创建新图层"按钮处，来复制图层。

3）水平翻转：对图像进行左右镜像翻转。

4）竖排文字工具：输入竖排走向的文字，通过单击图像区域创建输入点，并且自动建立文字图层，然后在输入点处输入文字。

任务 4　修复图片

任务描述

拍摄的相片如果有多余或有缺陷的地方须后期处理，可以使用污点修复画笔工具组和仿制图章工具组进行相关的处理。

方法/步骤

1）启动 Photoshop 软件后，选择"文件→打开"命令，打开任务 4"1.jpg"文件（图 2-2-28）。

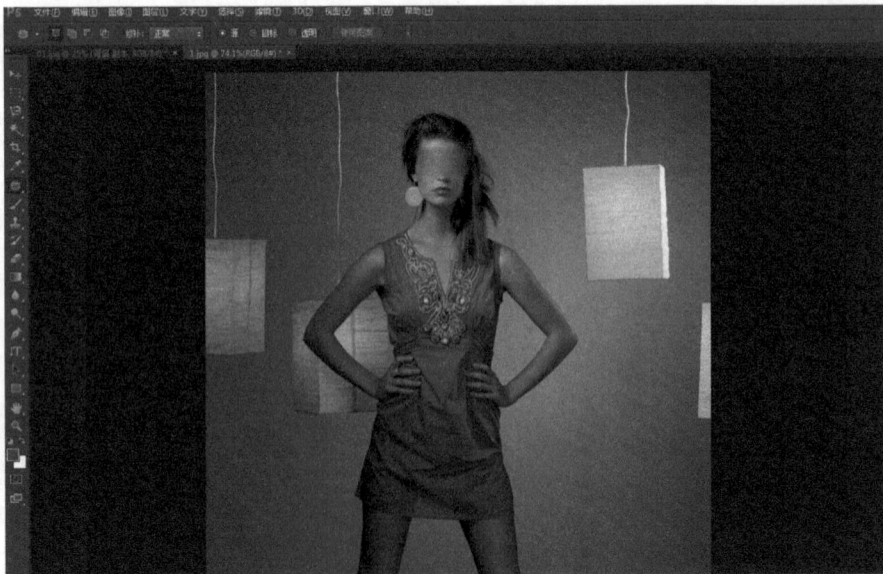

图 2-2-28　打开"1.jpg"文件

2）复制背景图层得到背景图层副本，单击"修补工具"按钮，拖动出一个区域，清除如图 2-2-29 所示的背景杂物。重复操作将右边的杂物清除（重复多次才能清除）。

图 2-2-29　清除背景杂物

3）继续用修补工具，修补左边灯的线（图 2-2-30）。

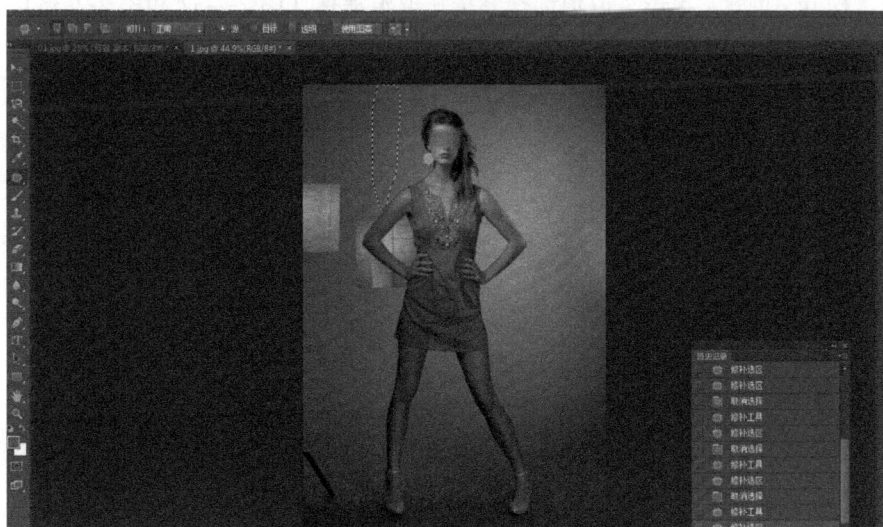

图 2-2-30　修补左边灯的线

4）单击"仿制图章工具"按钮，按 Alt 键取样，不断涂抹，去掉如图 2-2-31 所示左边的灯。

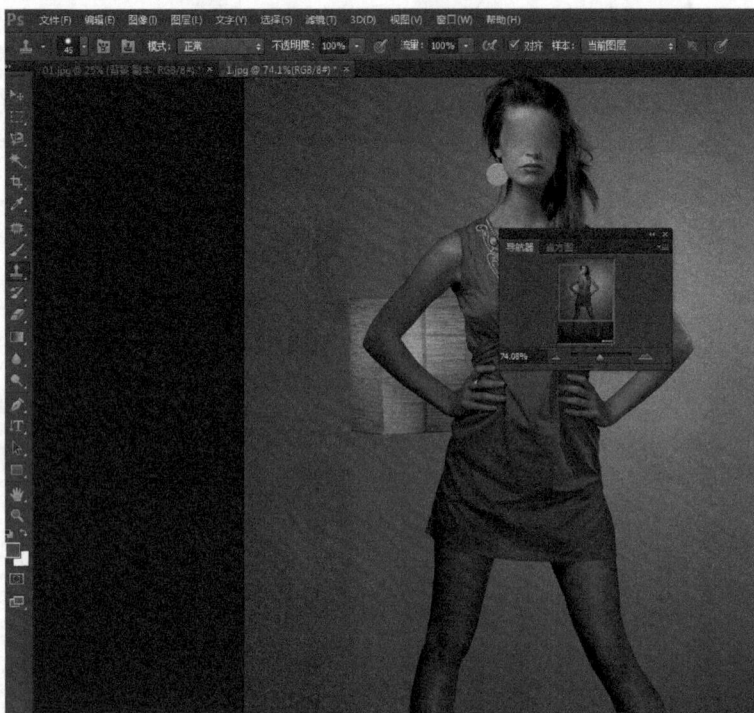

图 2-2-31　去掉左边的灯

　　5）单击"窗口→导航器"命令，放大局部图片，选择磁性套索工具，选取如图所示区域。选择图案图章工具，设置图章工具画笔笔刷为 45 像素，硬度为 100%，按 Alt 键，就近取样涂抹，松开 Alt 键，单击"取消选择"按钮取消涂抹（图 2-2-32 和图 2-2-33）。

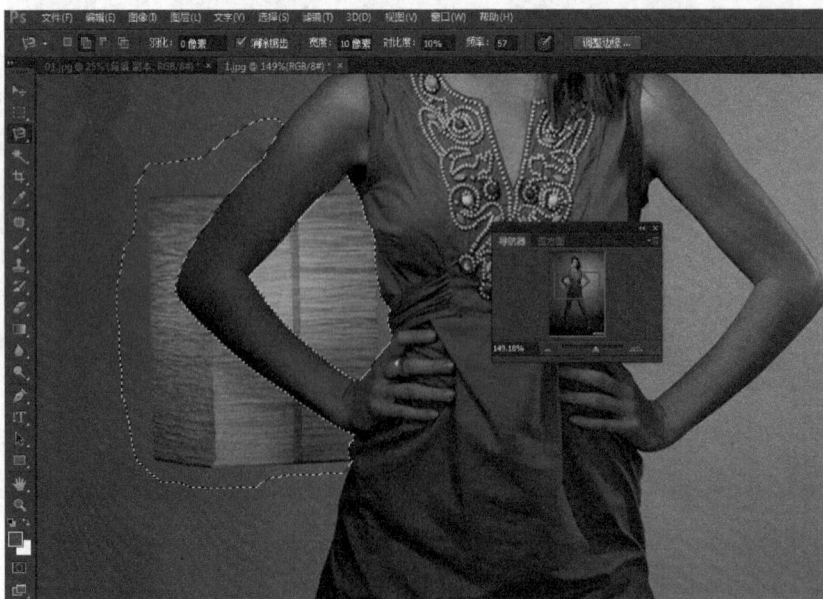

图 2-2-32　取样涂抹

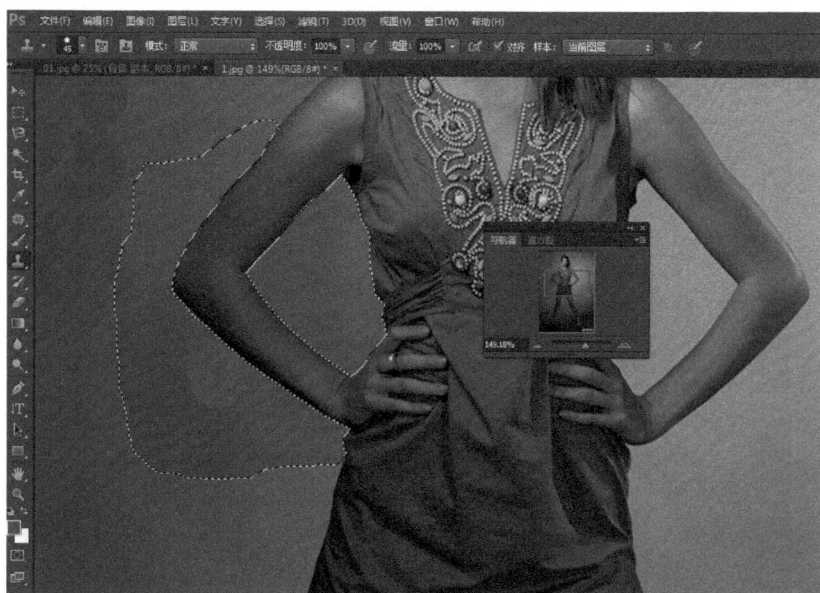

图 2-2-33 取消涂抹

6）选择修补工具，在刚才用仿制图章工具处理的区域，拖一个源区域，选取目标区域，修补所选区域（图 2-2-34）。多次重复操作，直到背景颜色正常。

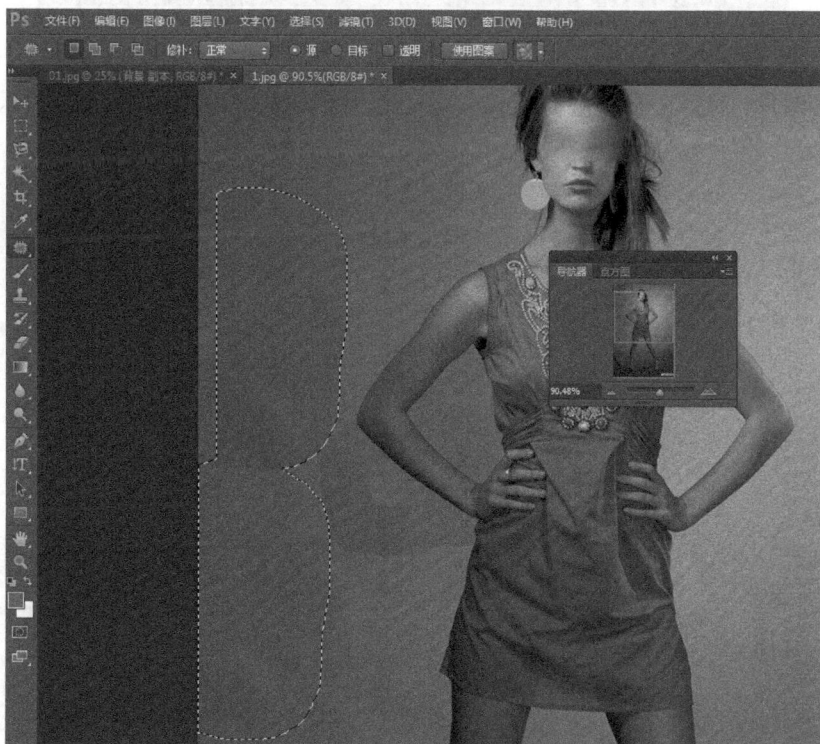

图 2-2-34 修补所选区域

7）继续用修补工具选取如图 2-2-35 所示区域进行修补（所选区域不宜接近手臂），靠近手臂区域用仿制图章工具进行局部涂抹。

图 2-2-35　继续修补

8）放大图片，手臂边缘用仿制图章工具清除边缘杂物。得到如图 2-2-36 所示最终效果。

图 2-2-36　最终效果

知识点拨

1）修补工具：修改有明显裂痕或污点等有缺陷的图像。选择需要修复的选区，拉取需要修复的选区拖动到附近完好的区域即可实现修补。一般用于修复照片，也可用来修复一些大面积的皱纹，细节处理则需要用仿制图章工具。修补工具比较智能，它能够将目标区域与源区域的图像相融合。

2）仿制图章工具：仿制图章工具是 Photoshop 软件中的一个工具，结合 Alt 键可复制取样的图像。仿制图章工具是一个很好用的工具，也是一个很神奇的工具，它能够按涂抹的范围复制全部或者部分到一个新的图像中。

任务5　调整图片曝光度、亮度和色差

任务描述

曝光不足是拍摄照片时常见的一个问题，最直接的结果是拍出的照片整体或局部偏暗，甚至丢失大量的图像细节。本任务主要使用调整命令中的"阴影→高光"命令对曝光不足的照片进行修复，并对某些区域存在瑕疵的照片，用"表面模糊"功能进行简单处理，使整个画面更为柔和。

方法/步骤

1）选择"文件→打开"命令，打开任务5"1.jpg"文件（图2-2-37）。

图 2-2-37　打开"1.jpg"文件

2）为了保留原图效果，复制一个图层，在"图层"面板中右击背景图层，在弹出的菜单中单击"复制图层"命令，得到"背景副本"图层（图2-2-38）。

图 2-2-38 "背景副本"图层

3）选择"图像→调整→阴影/高光"命令，弹出"阴影/高光"对话框，如图 2-2-39所示。

图 2-2-39 "阴影/高光"对话框

4）选中"显示更多选项"复选框，可以进行更详细的设置。本例选择默认值，单击"确定"按钮，如图 2-2-40 所示。

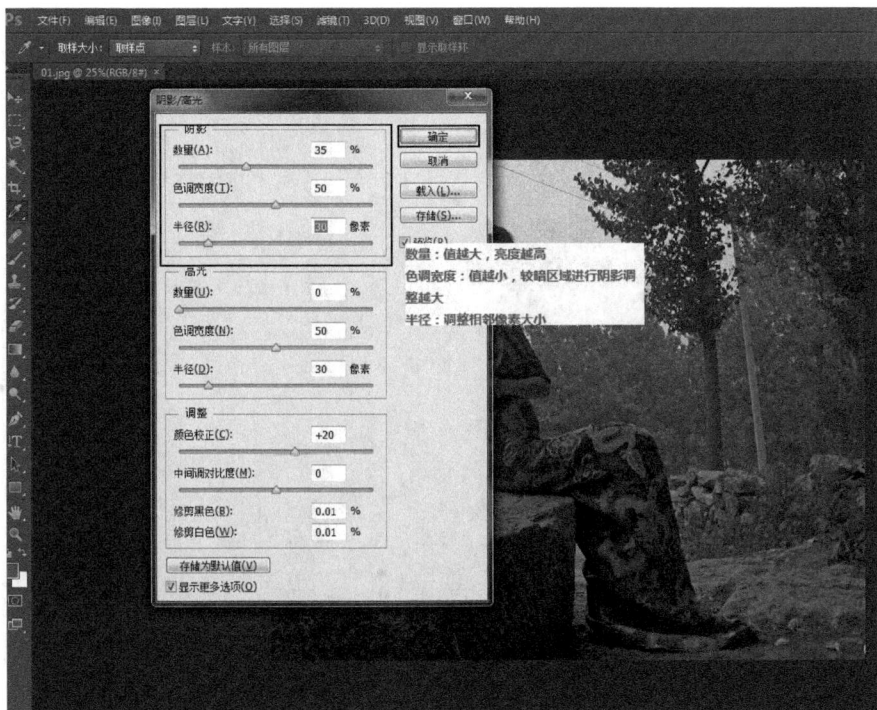

图 2-2-40 　"阴影/高光"设置

5）为了消除杂色和颗粒，使用"表面模糊"功能。选择"滤镜→模糊→表面模糊"命令，弹出"表面模糊"对话框，如图 2-2-41 所示。

图 2-2-41 　"表面模糊"对话框

6）设置表面模糊的半径为 20，阈值为 5，得到如图 2-2-42 最终效果。

图 2-2-42　最终效果

知识点拨

1）"阴影/高光"命令：用于图片阴影或高光部分细节不明显，需要强化的场合。阴影数值越大，图片阴影部分会被提亮，更多阴影部分的细节会被显露出来。高光数值越大，高光部分被压暗，更多高光部分的细节会被提取出来。

2）"表面模糊"命令：在保留边缘的同时模糊图像，用于创建特殊效果并消除杂色或颗粒。

3）半径：指定模糊取样区域的大小。

4）阈值：是一个转换临界点，其值不宜太大。

模 块 3

淘宝网交易

学习目标

在对淘宝网开店各方面知识学习的过程中，店铺也开张了，这时卖家就要做好接待买家进行交易的准备。本模块主要通过3个项目来完成整个淘宝网交易过程。

交 易 管 理

任务 1　使用千牛软件与买家交流

▋任务描述

千牛卖家版电脑版是淘宝网针对买家与卖家所提供的一款即时交流工具,与 QQ 等聊天工具类似。通过千牛,卖家与买家之间可以在线交流。本任务以千牛的下载、安装和使用来讲述千牛软件的使用。

▋方法/步骤

1)打开千牛软件官方下载地址:http://work.taobao.com,打开软件下载窗口(图 3-1-1),选择 Windows 版下载。

图 3-1-1　下载千牛软件页面

2）在弹出的"文件下载-安全警告"对话框中，单击"运行"按钮（图3-1-2），打开"千牛-卖家工作台安装向导"对话框，单击"快速安装"按钮（图3-1-3）。

图 3-1-2　文件下载

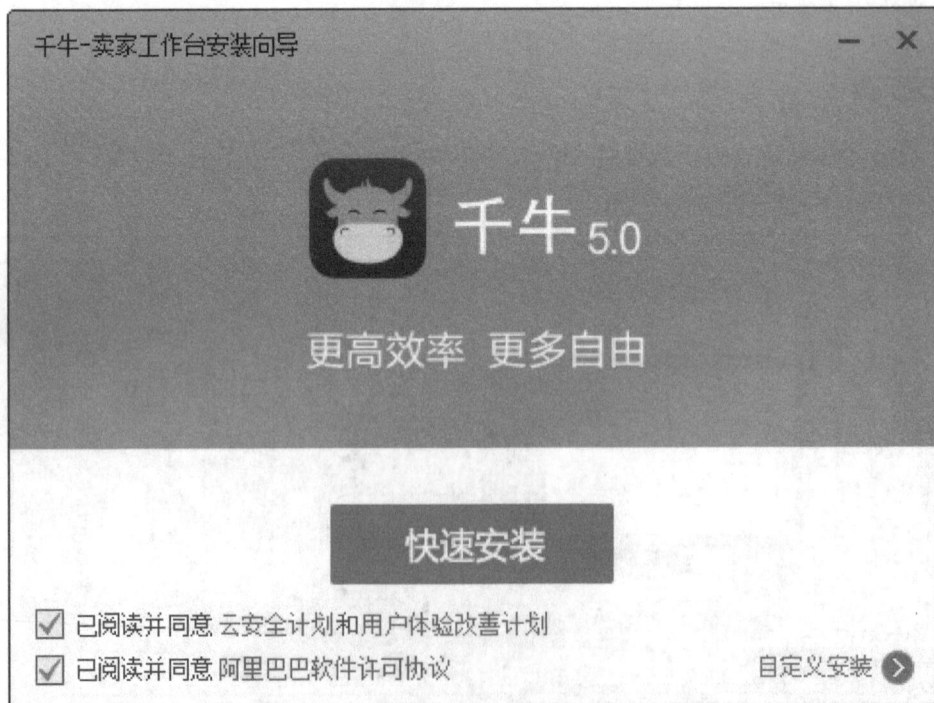

图 3-1-3　"千牛-卖家工作台安装向导"对话框

3）安装完成后单击"完成"按钮，运行千牛工作台（图 3-1-4）。

图 3-1-4　安装完成

4）运行后弹出登录窗口（图 3-1-5），输入会员名及密码后，单击"登录"按钮即可登录千牛工作台（图 3-1-6）。

图 3-1-5　登录窗口

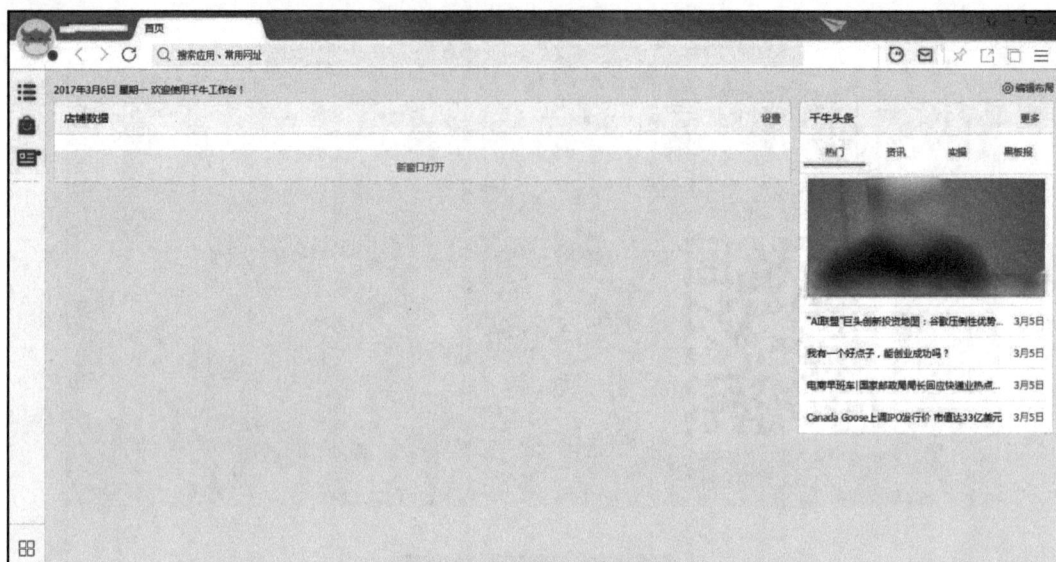

图 3-1-6 千牛工作台

5）单击千牛工作台左上角的常用网址图标，可以对店铺进行常规的管理（图 3-1-7）。

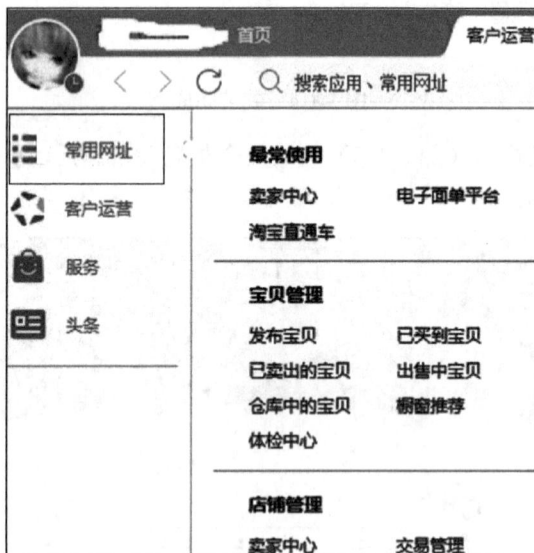

图 3-1-7 店铺常规管理界面

6）单击千牛工作台右上角的设置图标，在弹出的下拉菜单中单击"系统设置"命令，打开"系统设置"对话框，可以设置自动回复内容（图 3-1-8）。

图 3-1-8　系统设置

7）单击千牛工作台右上角的接待中心图标，在弹出的聊天对话框里（整合了原来的阿里旺旺功能），可以与买家进行交流（图 3-1-9）。

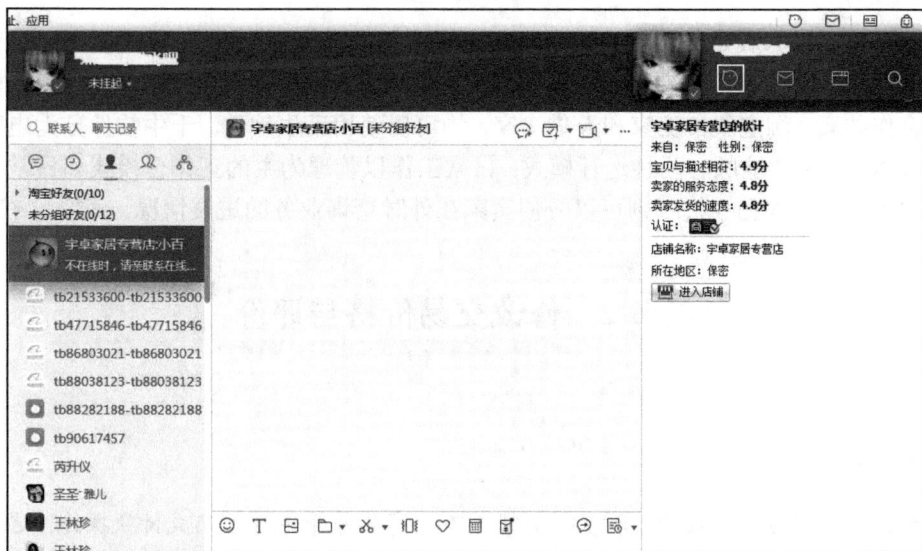

图 3-1-9　与买家进行交流

8）当有买家在店铺中找到合适的商品，并发来消息（图3-1-10）时，系统右下侧会自动弹出信息提示，单击可打开消息对话框。

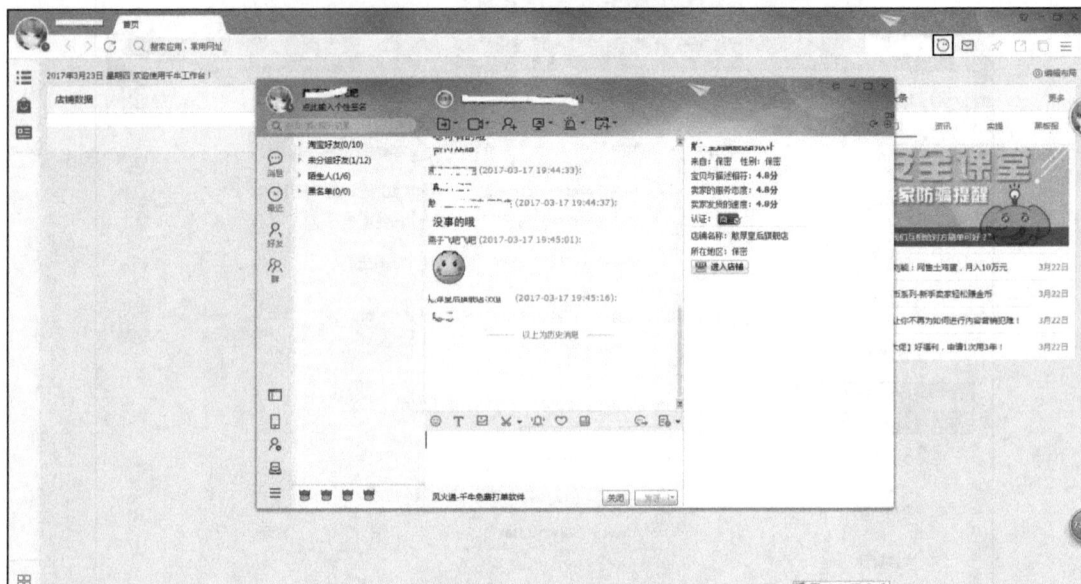

图 3-1-10　买家发来消息

9）查看买家发送的消息，根据实际情况，输入相关信息内容，回复买家的问题，直至双方满意。

▌知识点拨

千牛卖家版电脑版是在卖家版阿里旺旺的基础上升级而来，其核心是为卖家提供整合店铺管理工具和经营咨询信息、管理商业伙伴关系等功能，借此提升卖家的经营效率，促进彼此间的合作共赢。淘宝集市卖家和天猫卖家，均可以使用千牛软件。千牛软件分为电脑和手机两个版本，其中电脑版有两种运行模式：日常工作以管理为主的工作台模式和日常工作以沟通为主的旺旺模式；手机版则可以方便卖家在外时查询业务的进展情况。

任务 2　修改交易价格与评价

▌任务描述

当卖家与买家达成一致后，即可让买家拍下此商品并等待对方完成付款操作。这个过程中，卖家的工作主要是根据之前交流约定修改交易价格、安排发货、进行评价等相关事宜。

方法/步骤

1）在交易状态是"等待买家付款"时，卖家可以在交易记录（图 3-1-11）中修改交易金额（如果是在淘宝网上发布商品，可以在"我的淘宝→已卖出的宝贝"中修改）。

注意：如果买家做了支付动作，但实际付款没有成功，那么卖家在 15 分钟内是无法修改交易价格的，需要等 15 分钟后才可以修改。

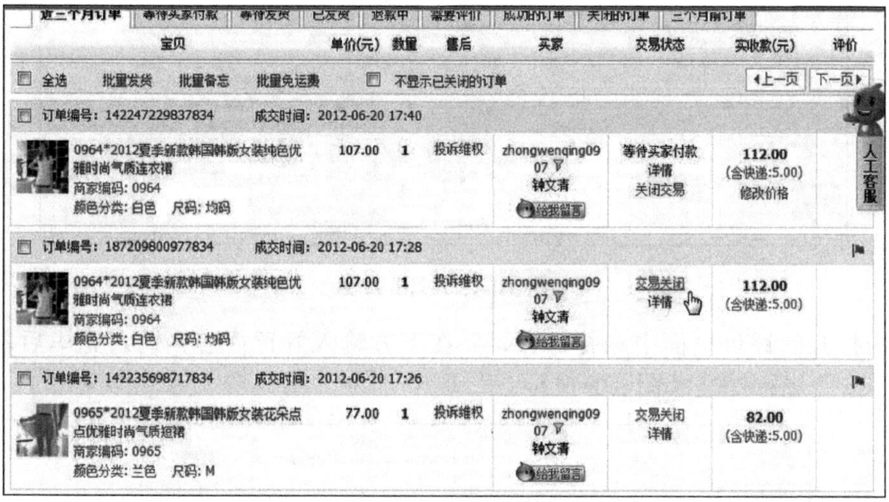

图 3-1-11　交易记录

2）在弹出的订单原价对话框中，可以通过输入优惠后的差价、折扣或点击页面下方的免运费链接等多种方法来修改商品的总价，修改完毕后单击"确定"按钮（图 3-1-12）即可返回已卖出宝贝的页面，此时可看到商品的价格已经修改。

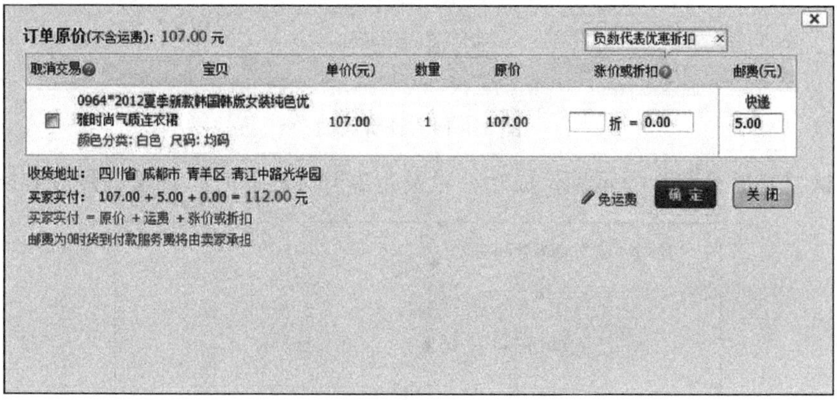

图 3-1-12　确定修改价格

3）当买家付款后商家就可安排发货。买家确认收货后，卖家需要对买家进行评价，对于一单成功的交易一般给予买家好评。评价方法：进入已卖出的宝贝页面中，在已经交易成功的交易列表（图 3-1-13）右侧单击"评价"按钮进行评价。如果后面还有"对方已评"字样就说明买家给出了评价。

图 3-1-13　交易列表

4）在打开的评价页面中选择好评，并在下方输入好评内容，输入完毕后单击"确认提交"按钮进行提交（图 3-1-14）。

图 3-1-14　评价页面

5）确认提交后系统会提示评价成功，以及距离升级还差几个评价（图 3-1-15）。

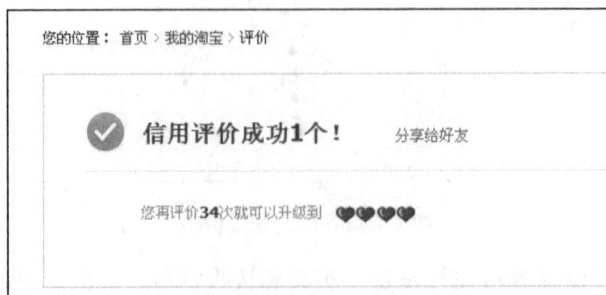

图 3-1-15　评价成功

▌知识点拨

在淘宝上卖东西，商家最害怕的是买家给自己差评，因为买家给差评，就会严重损坏卖家的信誉，导致卖家重大的损失。当买家给卖家差评时，卖家如何应对差评呢？

1）买家给差评的原因可能是商品质量有问题。这时候，作为卖家，要积极检讨并且主动弥补错误，用相关通信工具联系买家并诚恳道歉，对买家进行换货补偿，争取买家的原谅。

2）如果是买家故意刁难，或者是故意敲诈勒索，那么，卖家一定要充分保留证据，为申诉做好准备。敲诈勒索的买家，往往会提用金钱解决问题，卖家和他们聊天时，要把重要证据截图下来或者录音下来，这样，把证据拿去找客服申诉，是可以解除差评的。

注意事项：

评价修改期，做出评价后的 30 天内可以修改，逾期将不能再更改。

评价修改路径（买家），进入"我的淘宝→评价管理→给他人的评价"页面，如图 3-1-16 所示。

评价修改路径（卖家），进入"卖家中心→评价管理→给他人的评价"页面，如图 3-1-17 所示。

评价修改范围，仅限中差评的修改或删除，好评和店铺评分一旦做出均不可再修改或删除。

修改生效时间，即时生效，页面显示会有 30 分钟的滞后。

评价修改规则，①只有中差评的时候，才会显示修改评价。中评或差评只能修改为好评或删除，且只有一次机会，如差评修改为好评后，将不能再删除或修改；②收到的评价需要联系评价方修改。

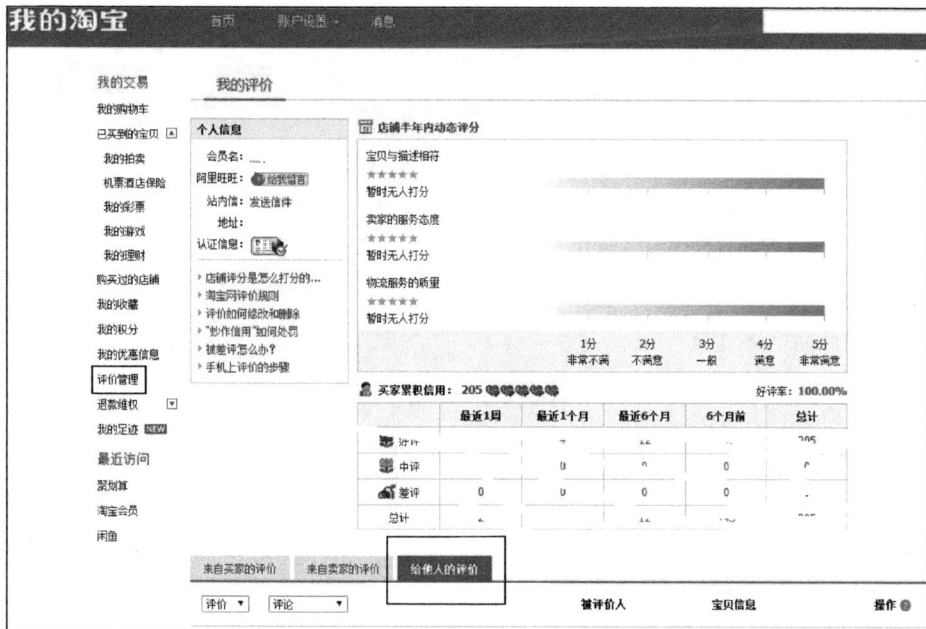

图 3-1-16　评价修改页面（买家）

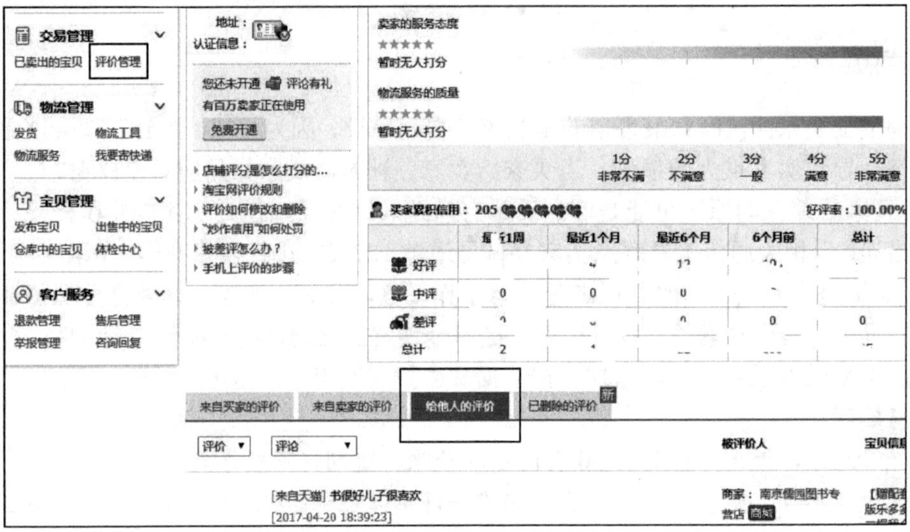

图 3-1-17　评价修改页面（卖家）

物 流 管 理

任务 1　网店商品包装

任务描述

很多卖家都在谈货源、谈质量，但似乎遗漏了包装这一环节，再好的商品如果没有包装好，到了买家手里也可能成为废品。

方法/步骤

1. 包装易变形、易碎类产品

易变形、易碎类产品包括字画、工艺笔、瓷器、玻璃饰品、茶具等。对于这类产品，包装时要多用些报纸、泡沫塑料或者泡绵、泡沫网，这些材料不仅重量轻，而且可以缓和撞击。另外，一般易碎怕压的产品四周都应用填充物充分地填充，如包水果的小塑料袋，平时购物带回来的方便袋，苹果、梨子外面的泡沫软包装，还有一些买电器带回来的泡沫等。应尽量多用聚乙烯的材料而少用纸壳、纸团，因为纸要重一些，而聚乙烯的材料膨胀效果好，自身又轻。

2. 包装首饰类产品

首饰类产品一般都需要附送首饰袋或首饰盒。

1）用纸箱包装，对于首饰来说，3 层的 12 号纸箱就够用了。

2）以报纸或泡沫等其他填充物填充，以便让首饰盒或首饰袋在纸箱内不晃动。

3）纸箱 4 个角用胶带包好，可以更好地防止运送过程中的撞击，因为邮寄过程中有很多不确定因素。

4）附送一张产品说明卡，这样会显得比较专业。

3. 包装衣服、皮包、鞋类产品

衣服、皮包、鞋类产品在包装时可以用不同种类的纸张（如牛皮纸、白纸等）单独包好，以防止脏污。遇到形状不规则的商品，如皮包等，可预先用胶带封好口，再用纸包住手提袋并贴胶带固定，以减少磨损。邮寄衣服时，要先用塑料袋装好，再装入防水防染色的包裹袋中；用布袋邮寄服装时，宜用白色棉布或其他干净整洁的布料。

4. 包装液体类产品

包装液体类产品时，先用棉花裹好，再用胶带缠好。在包裹时一定要封好割口处，可以用透明胶带使劲绕上几圈，然后再用棉花整个包住，可以包厚一点，最后再包一层塑料袋，这样即使液体漏出来也会被棉花吸收，并有塑料袋做最后的保护，不会流到纸盒外面污染到其他包裹。至于香水，可以到五金行或是专门的塑料用品商店买一些透明的气泡纸，在香水盒上多裹几圈，然后用透明胶带纸紧紧封住。但是为了确保安全，应该把裹好的香水放进小纸箱里，同时塞些泡沫塑料或者报纸。

5. 包装贵重精密电子产品

贵重的精密电子产品包括电话、手机、电脑显示器等。在对这类怕震动的产品进行包装时，可以用泡绵、气泡布、防静电袋等包装材料把物品包装好，并用瓦楞纸在商品边角或者容易磨损的地方加强包装保护，并且要用填充物，如报纸、海绵或者防震气泡布这类有弹力的材料将纸箱空隙填满，这些填充物可以阻隔及支撑商品，缓冲撞击力，避免物品在纸箱中摇晃受损。

6. 包装书刊类产品

1）书拿回来用塑料袋套好，以免理货或者包装的时候弄脏，也能起到防潮的作用。
2）用报纸中夹带的铜版纸做第二层包装，以免书籍在运输过程中被损坏。
3）外层用牛皮纸、胶带进行包装。
4）如打算用印刷品方式邮寄，用胶带封好边与角后，要在包装上留出贴邮票盖章的空间；包裹邮寄时则要用胶带全部封好，不留一丝缝隙。

按邮局的规定，1千克以上要打"井"字绳，否则不给邮寄。不论要不要打井字绳，四周都要用胶带贴好，因为邮寄途中经常会有人试图打开看看，有了胶带就不容易打开了。

7. 包装时的注意事项

包装产品，是为了让客户更好地享受购买产品的服务，卖家可以从以下几点加以注意。
1）确保包装质量。包裹一定要干净整洁，在不超重的前提下尽量用硬壳包装（图 3-2-1）。

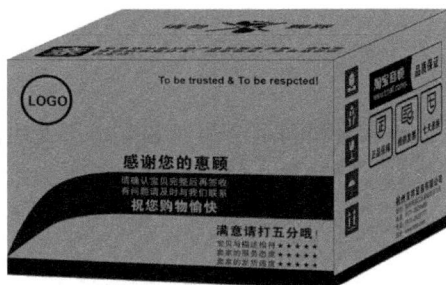

图 3-2-1　硬壳包装

2）细心包装。包装讲究整体的美观，一般用箱子先包装好，然后在箱子外层用快递公司的袋子再包裹一层（图 3-2-2），这样既能保护箱子外观的完好，还可以有效地避免运输过程中外界对包裹的污染。

图 3-2-2　细心包装

3）发送名片。在发送商品时，可以在内包装里放一张名片（图 3-2-3），名片上要印上自己的网店名、掌柜名、电话及 QQ 等联系方式，还可在包裹中加上商品说明。这样会让顾客认为卖家很人性化、很贴心，从而成为店铺的老顾客，甚至带来其他新顾客。

图 3-2-3　名片

▌知识点拨

包装材料是指制作各种包装容器和满足产品包装要求所使用的材料，是商品包装的物质基础。材料的选择在包装设计中非常重要，如果选材不当，会给企业带来不必要的损失。

材料选择注意事项如下。

1. 以产品需求为依据

材料的选择不是随意的，首先应该结合商品特点，如商品的形态（固体、液体等），是否具有腐蚀性、挥发性以及是否需要避光储存等进行取材；其次要考虑商品的档次，高档商品或精密仪器的包装材料应高度注意美观和优良性能，中档商品的包装材料则应美观与实用并重，而低档商品的包装材料应以实用为主。

2. 能有效地保护商品

包装材料应能有效地保护商品，因此应具有一定的强度、韧性和弹性等，以适应压力、冲击、震动等外界因素的影响。

3. 经济环保

包装材料应尽量选择来源广泛、取材方便、成本低廉、可回收利用、可降解、加工无污染的材料，以免对环境造成危害。

任务2　网店发货地址与运费模板的设置

▌任务描述

如果你是一位淘宝的卖家，你的商品不包邮的话，就要设置运费模板，这样买家就可以知道自己这次购物要花多少运费了；如果你不设置，就会有买家不停地问关于运费的事。本任务详细讲述了网店淘宝发货地址与运费模板的设置步骤。

▌方法/步骤

1）登录卖家淘宝账号，然后在首页页面右侧的位置单击"卖家中心"链接。

2）进入卖家中心后台，在页面左侧的导航栏找到"物流管理"子菜单，单击"物流工具"链接如图3-2-4所示。

图 3-2-4　"物流工具"链接

3）在服务商设置标签下选择相应的服务商后，单击右侧的"开通服务商"按钮即可完成开通，开通服务商后如图 3-2-5 所示。

图 3-2-5　开通服务商

4）在页面的右侧找到"运费模板设置"选项卡（图3-2-6）并单击。

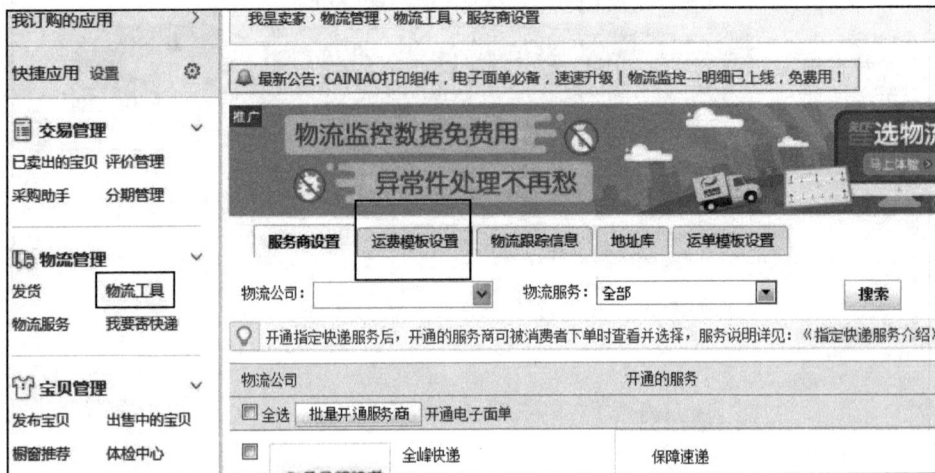

图 3-2-6　运费模板设置

5）在"新增运费模板"（图3-2-7）下方填写模板信息后，单击"保存并返回"按钮即可完成运费模板设置。需要说明的是，很多店铺都会设置两个模板，一个是买家承担运费模板，另一个是卖家承担运费模板。

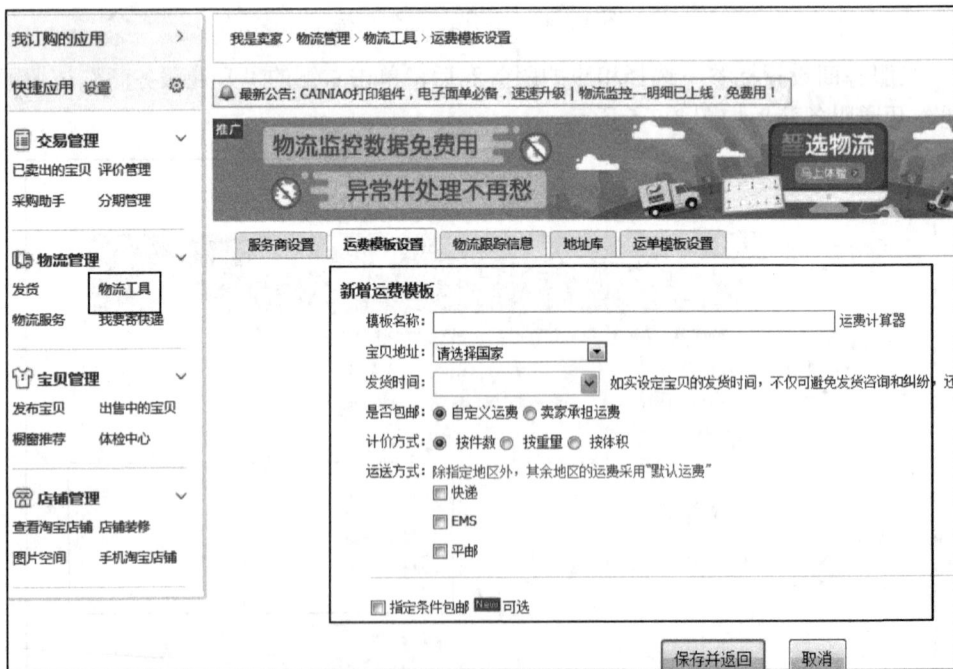

图 3-2-7　新增运费模板

6）设置模板名称，可根据商品类型和实际情况设定，如卖化妆品的就可以设置模板名称为化妆品运费模板；宝贝地址也就是发货地址，可以精确到区县（图3-2-8）。

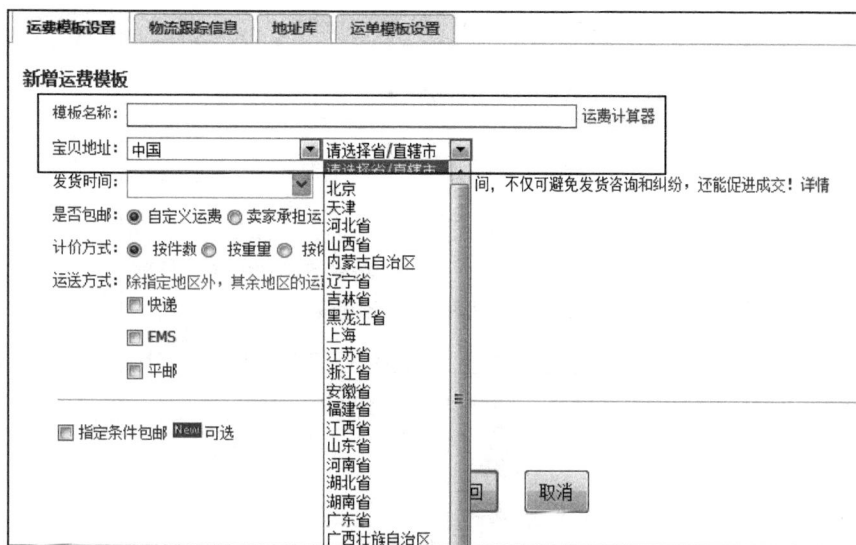

图 3-2-8　设置模板名称和发货地址

7）设置发货时间（图 3-2-9），该时间越短越受欢迎，最长 48 小时，最短 4 小时，但一定要根据卖家的实际情况设置且保留余地，以免产生不必要的纠纷。

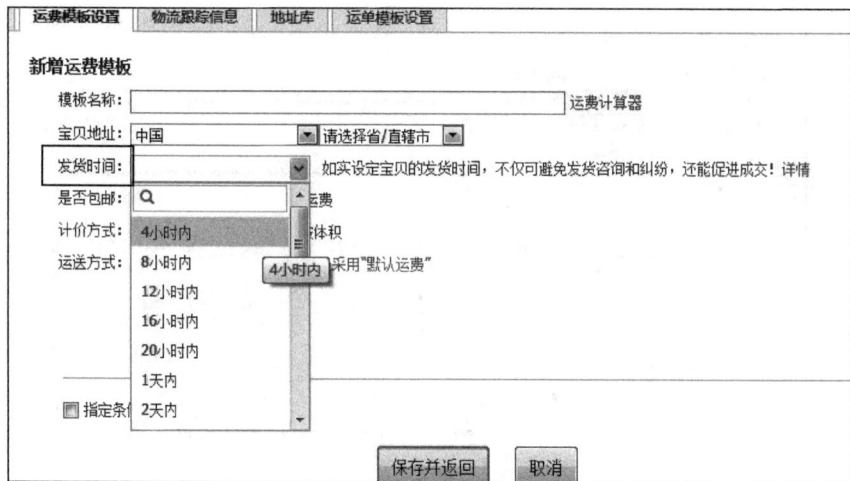

图 3-2-9　设置发货时间

8）设置是否包邮，即确定买卖双方谁承担运费的问题（图 3-2-10）。注意：如果设置卖家承担运费则为全国包邮；若设置为自定义运费可选择不同的计价方式。

9）设置运送方式，运送方式有 3 个选项，即快递、EMS、平邮。平邮价格低但速度很慢，一般不建议使用；EMS 价格较平邮高，速度较快；快递价格稍高，但速度最快。还可选择区域设置指定区域运费（图 3-2-11），商家可根据情况合理选择。

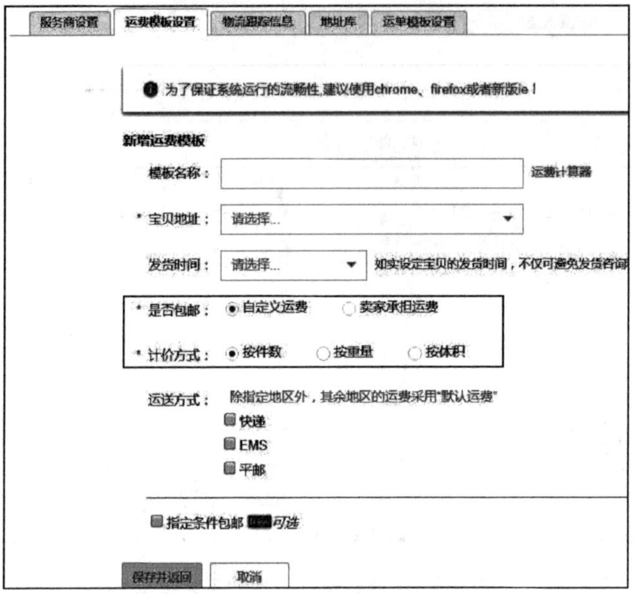

图 3-2-10 设置是否包邮

图 3-2-11 设置指定区域运费

10）设置好后单击"保存并返回"按钮即可。提示：快递是目前用得最多的运送方式，覆盖绝大部分城市区县，一般 2～5 天就可以送到；EMS 运送方式也是首选的，因为 EMS 在全国无盲区派送，一般 3～7 天送达。平邮价格低但时间很长，不建议使用。

知识点拨

1) 指定快递是交易约定服务中的一种类型，卖家就商品配送快递向消费者做出承诺，指卖家向买家提供的、按照买家指定的快递公司发货的一种增值物流服务。

指定快递服务中卖家义务如下。

① 卖家在订购指定快递服务时，应如实开通日常合作的快递公司，并在运费模板中设置快递运费和地域，供买家下单时选择。

② 卖家应按照订单指定的快递公司发货，可在"卖家中心→已卖出宝贝"中查看订单快递公司或在发货时查看指定的快递公司。

③ 若卖家未按指定的快递发货而买家发起投诉，则需赔付买家实际支付运费等值的违约金，最少不低于 5 元/单，最高不超过 30 元/单（同一支付宝交易号订单），避免客服人员介入处罚扣分（同一支付宝交易号订单）。

④ 如买家指定的快递公司无法配送时，需及时联系买家沟通情况，避免后续纠纷投诉。

2) 运费模板是针对交易完成后卖家需要频繁修改运费而推出的一种运费工具。通过运费模板，卖家可以解决不同地区的买家购买商品时运费差异化的问题，还可以解决同一买家在店内购买多件商品时的运费合并问题；而且通过运费模板，卖家可以发起买家在店内单次购买商品满××元免运费的优惠活动。

3) 发货地址设置。

① 自己有货源，发货地址就设置自己的地址。

② 别人代发货，发货地址设置商品所在地地址。

③ 代理销售，发货地址设置供货地址。

4) 快递公司的选择标准。

① 安全可到达。有些快递公司，体系不完善，有很多区域是没有网点的。一定要先去快递公司的官网上查询买家所在地是否有网点。假若没有网点，有些快递公司会在寄件人不知情的情况下，将包裹委托给其他快递公司，这样一来不仅容易丢件，还难以查件，会造成很多麻烦，如果要寄给比较重要的客户，最好选择大品牌快递公司。

② 快捷。对速度要求比较高时，如果收件人在同城，可以选择有同城快递业务的公司，以免落入复杂的流程中。如果不是同城的，可以考虑有空运服务的快递公司，以节省时间。

③ 经济。如果要邮寄的物品重要性一般，对速度的要求也不高，但是数量多，计算起来又比较麻烦，那么可以上网查询价钱。常见的快递公司的网站都提供价格计算的功能。

④ 贴心。寄件的网点和收件的网点服务是否贴心，要打听一下，免得不负责的快递员将快递放在小区大门口不管。

⑤ 方便。有些快递公司提供预约取件服务非常方便，不仅可以在线下单，还可以微信下单，甚至在快递员来之前查看快递员的照片。

⑥ 优惠。有些快递公司会在过年过节时出台优惠政策，不仅可以满额优惠，还可以抽奖，十分划算。

任务 3　发货与寄件

■ **任务描述**

　　宝贝包装好之后需将宝贝发货给买家，如何发货，如何选择适合自己的送货方式，并想办法节省邮费，在交易中就显得非常重要。

■ **方法/步骤**

　　1）登录卖家淘宝账号，然后在首页页面右侧的位置选择"卖家中心"，单击"已卖出的宝贝"链接。

　　2）进入卖家中心后台，在页面左侧的导航栏找到"物流管理"子菜单单击"发货"按钮，在中侧等待发货的订单中，看到订单，单击"发货"按钮，如图 3-2-12 所示。

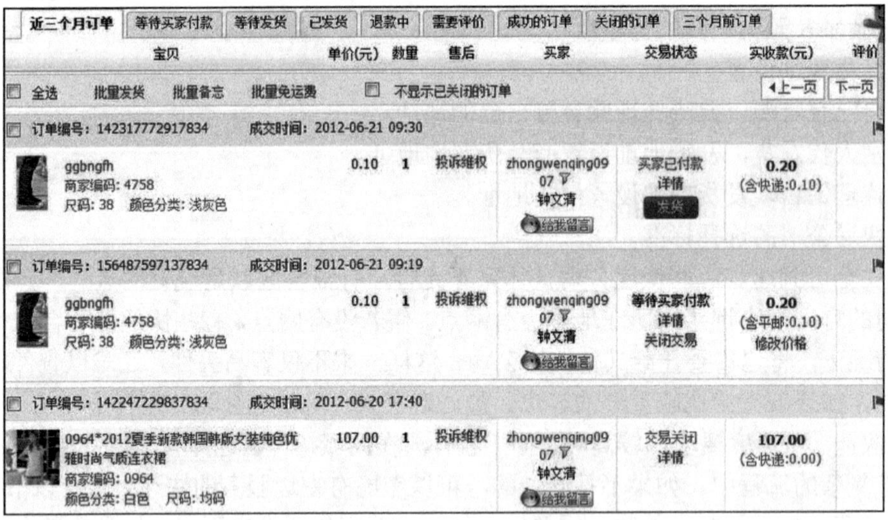

图 3-2-12　"发货"按钮

　　3）在打开的收货页面中，根据信息准备商品，确认发货信息，选择适合自己的物流服务（图 3-2-13）。

　　4）如果选择自己联系物流，则选择快递或者物流，填写运单编号（图 3-2-14）后单击"确认"按钮（运单编号在快递公司提供的发件单或网上预约的电子面单上），卖家可以打电话联系快递收件员，告诉地址后等待上门收件，在快递来之前先把要寄送的东西打包好，如果有空白单可以先写好发件单，如果没有，可等快递人员来了后再写。

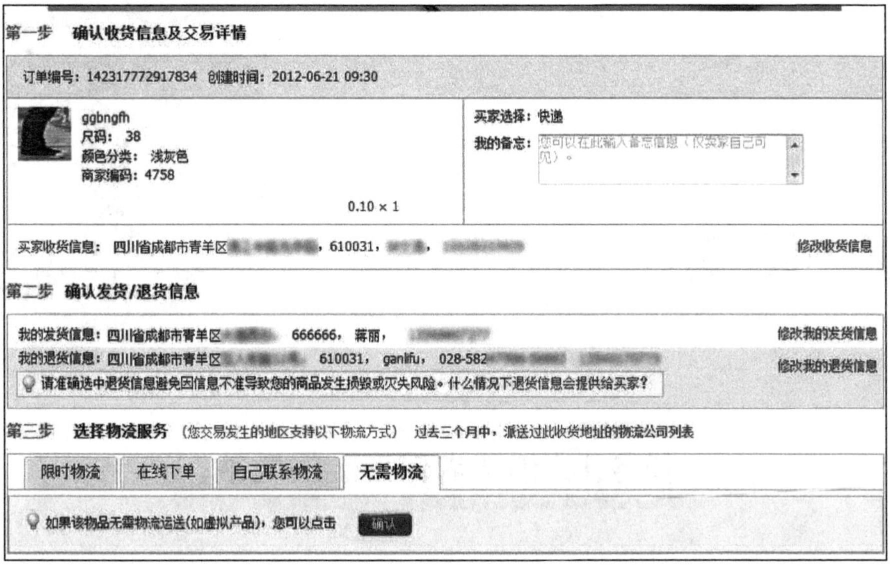

图 3-2-13 确认发货信息

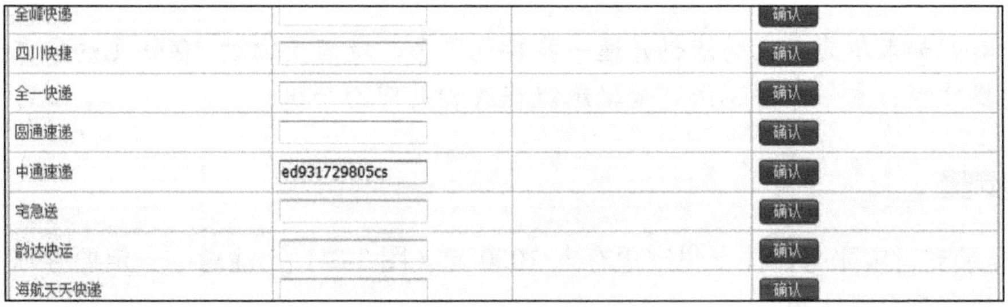

图 3-2-14 填写运单编号

5）返回"已卖出的宝贝"，选择"已发货"选项就可以看到已发货的买家了。

知识点拨

淘宝上给顾客邮寄货品有两种途径：一是卖家填写已有的面单，然后在淘宝上单击发货，填写面单对应的快递单号；二是在线联系物流公司，打印快递单。

节省物流费用的方法如下。

1）作为初期的卖家，可以选择淘宝推荐物流，推荐物流的价格都是固定的，可以直接在淘宝上下单，价格有一定的优势，按照淘宝上的标价收费，如省内件发宅急送很有优惠。

2）可以在淘宝上查询卖家当地的快递代理，联系他们下单上门收件，也可在网上发件，上门收费。

3）可以找个周边做淘宝的代发，给其一定的价格空间。

项目 3

客户服务

任务 1　消费者保证金的缴纳

■ 任务描述

新手卖家如果想为自己的店铺开通一些特色服务，就需要缴纳 1000 元的保证金，那具体应如何操作呢？本任务讲述保证金缴纳流程及相关理论知识。

■ 方法/步骤

1）登录支付宝账号，往支付宝里存入 1000 元（图 3-3-1）。注意：一定要存在支付宝余额里，不要存到余额宝里。

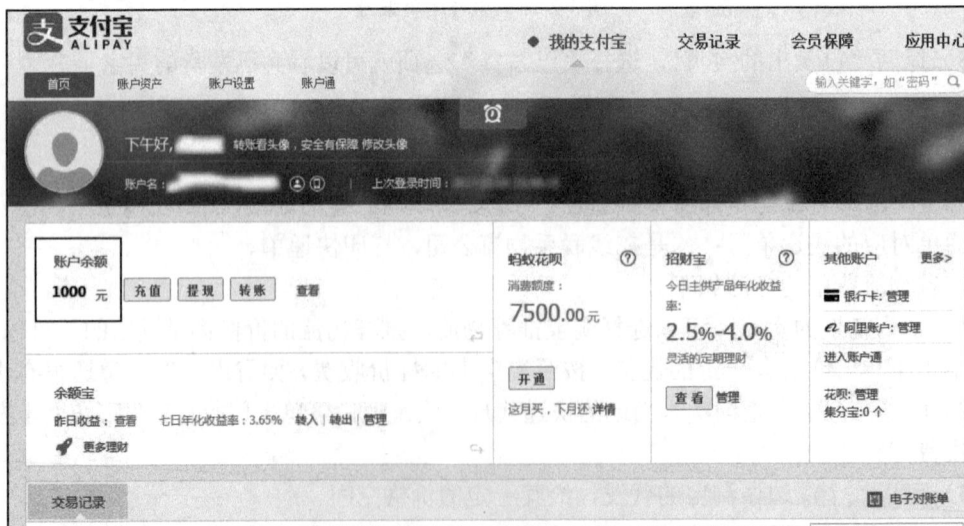

图 3-3-1　支付宝余额存款

2）登录淘宝账号，在淘宝首页单击"卖家中心"命令，打开卖家中心页面。

3）在卖家中心页面找到"客户服务"中的"消费者保障服务"并单击进入（图 3-3-2）。

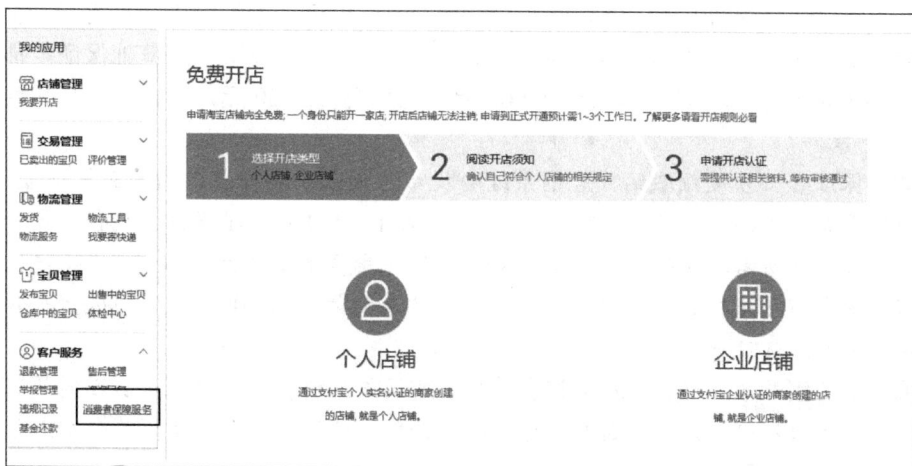

图 3-3-2　"消费者保障服务"选项

4）在淘宝服务保证金页面，选择缴纳方式后单击右侧"缴纳"按钮（图 3-3-3），就可以缴纳了。

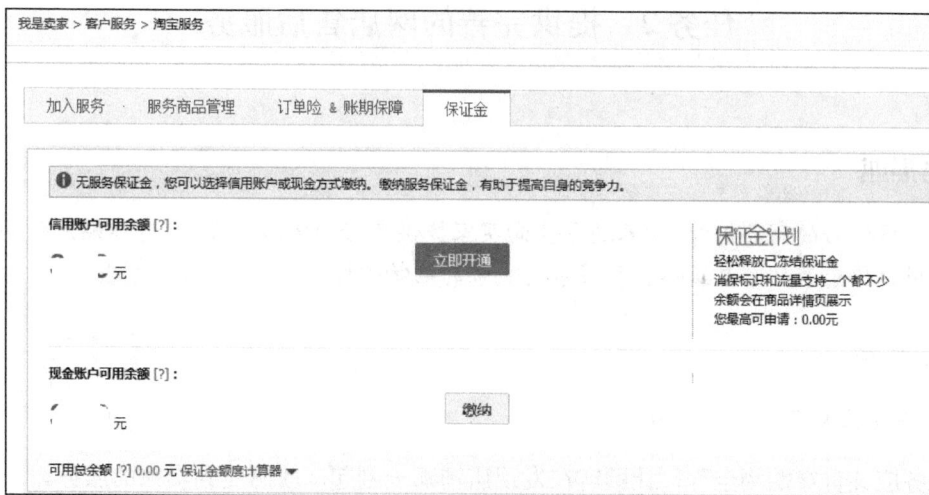

图 3-3-3　缴纳保证金

知识点拨

消费者保障服务是淘宝网推出的旨在保障网络交易中消费者合法权益的服务体系。消费者保障服务项目通常有"商品如实描述""7 天无理由退换货""假一赔三""虚拟物品闪电发货"等种类，卖家可自行选择加入不同的项目种类。

淘宝开店是免费的。当用户完成开店并签订了加入消费者保障服务的协议（免费加入）

后，即可单击"卖家中心→宝贝管理→发布宝贝"按钮进行发布商品。但是并非所有商品类目都支持发布全新商品，部分类目需要缴纳保证金后才能发布全新商品，如要发布该类目商品，在未缴纳保证金的情况下，就只能发布二手商品。保证金缴纳分为两种情况：①需要缴纳保证金才能发布的全新的商品类目及具体金额。②消费者保障服务的基础保证金都是缴纳1000元，特殊的有手机类目10 000～50 000元，宠物类目6000元，四轮电动车和老年代步车50 000元等。

注意：保证金必须足额缴纳，否则系统会提示"未缴纳类目要求的足额保证金"。对于用户在缴纳页面看到的"自定义金额"，可以缴纳大于1000元基础保证金的任何金额，上不封顶。以主营类目所需缴纳的金额为准。如果卖家之前卖的类目只需缴纳1000元保证金，但后续店铺中发布了手机类商品，应按手机类目要求的最低10 000元金额进行补缴，补缴入口与第一次缴纳入口一致。

如果卖家是刚开店，想要加入保证金计划，建议关注消费者保障服务页面是否有"信用账户"的立即开通入口，如有，则表示符合加入条件；若没有，则表示不符合加入条件。建议先认真经营店铺，了解保证金计划。

保证金缴纳后是冻结在卖家的支付宝账户中的，后续卖家不开店了可以自行解冻。

如卖家缴纳的保证金后续因纠纷售后等一系列问题不足1000元，需要进行补缴。

任务2　提供完善的网店售后服务

▍任务描述

除了提供好的商品以外，卖家还需要向买家提供良好的售后服务。只有体贴周到的服务，才能让用户倍感亲切，真正体会到买家是上帝的购物心境。

▍方法/步骤

1. 服务应该贯穿购物全程

服务应该贯穿购物全程，让顾客在发现店铺那一刻起，就感受到卖家的服务。

2. 成交结束后与买家及时联系

交易达成后卖家要及时主动与买家联系，掌握顾客的反馈意见。

3. 交易结束如实评价

评价是买卖双方对一笔交易最终的看法，对买家和卖家来说都是比较重要的，评价涉及双方的信用度问题，一定要真实。买家对卖家的好评可以影响其他顾客的购买决定。

4. 建立详细的顾客档案

每次成交之后，一定要做好记录，把买家的联系方式、收货地址、收款发货的日期、发货的包裹号、自己当时的承诺等，都——记录在案，这样既方便买家询问时的查询，也便于老顾客下次购物时直接按照地址发货。卖家还可以把买家的职业、年龄、性别等都记录下来，据此综合分析顾客情况，总结出有针对性的各种营销策略。

5. 重视对老顾客的维护

卖家一定不要认为老顾客已经是熟客，已经认同自己的网店并且有了成交的历史，就不再有流失的危险，便把精力都用在开拓新顾客上面。开拓新顾客固然很重要，但是如果因此而丢掉了老顾客，那就得不偿失了。据调查，一家网店约有80%的业绩是由老顾客创造的。因此失去老顾客，也就失去了利润的最主要来源，并且留住现有顾客，比盲目去开发新顾客更能节省大量成本。所以，一定要重视对老顾客的维护，一旦老顾客选择离开，再想让他回心转意，就要花费相当大的力气。

6. 不可忽视"三包"问题

网上开店与实体店不一样，三包服务实现起来确实有些困难，但这不能成为卖家推脱责任的借口。要想网店得以生存、得到发展，包修、包换、包退这三包服务不但要做好，而且要尽量做到完善。

若卖家事先声明对商品进行保修，就一定要在保修单上注明保修期，且要注明是由厂家还是由店家提供服务，保修范围是哪些，保修期的费用由谁承担等。

包换是顾客比较关心的一个方面，因为顾客在购物时无法对商品亲自试用，往往收到货后，才会发现规格型号等不合适。这时，就需要用换货的办法来解决。换货涉及的最主要问题是不同型号商品价格不同及因换货产生的运费由谁承担，前者可以通过多退少补来解决，后者可通过双方协商，由一方或双方承担。

对卖家来说，包退是一个比较心痛的问题，商品被退回，损失了利润还赔上了心血。因此在顾客购买之前，一定要仔细帮顾客分析确定这件商品是否真的就是顾客想要的那一件；卖家在发货时也要对商品进行仔细检查，决不能让有问题的商品到达顾客手中。

知识点拨

一个完整的销售过程，应包括售前、售中、售后三部分，售后服务是整个商品销售过程的重点之一。好的售后服务会带给买家非常好的购物体验，增加顾客的信任感，使这些买家成为卖家的忠实用户。想要做好售后服务，首先要树立正确的售后服务观念。服务观念是长期培养的一种个人（或者网店）魅力，卖家应该建立一种"永远真诚为顾客服务"的观念，重视和把握与买家交流的每一次机会，因为每一次交流都是一次难得的建立感情、增进了解、增强信任的机会。

模 块 4

店铺营销与推广

学习目标

网络营销推广是当今以互联网为媒介的一种推广方式,是在网上把自己的产品或者服务利用网络手段与媒介推广出去,使自己的企业获得更高的利益。本模块主要学习如何做好淘宝店铺的营销与推广,主要内容包括网上市场调研、淘宝店铺推广、淘宝数据监控工具介绍等。

网 上 调 研

任务 1　网上市场调研

■ 任务描述

要想淘宝店铺更好地营销与推广，店主需通过网上市场调研、在线调研问卷等方式收集信息、整理数据，从而为市场调研报告的撰写打下良好的基础。

■ 方法/步骤

1. 确定调研目标，制定网上调研提纲

在进行网络市场调研前，首先要明确调研的内容，即希望通过调研得到什么样的结果，如客户的消费心理、购物习惯、对竞争者的印象、企业的形象、对产品的评价等。又如，谁有可能想在网上使用你的产品或服务、谁是最有可能要买你提供产品或服务的客户、你在行业中的地位如何、你的客户对你竞争者的印象如何、公司日常的运作可能要受哪些法律法规的约束等。

2. 确定调研的对象

网络调研的对象一般分为四大类：企业产品的消费者、企业的竞争者、企业的合作者和行业内的中立者。

3. 制订网上调研方案

制订网上调研方案，包括三个方面：确定资料来源、确定调研方法和确定调研方案。

4. 收集信息

问卷、注册等形式的网上调研可通过表单中的提交功能，使被调研者的信息直接进入相关的数据库。而且，程序可以监控被调研者填写的资料是否完整、正确，若有遗漏，可以拒绝提交，这样调查问卷会重新发送给访问者要求补填。以下通过问卷网的使用来讲解在线问卷调查平台的使用。

1）查找免费在线问卷调查平台，启动 IE 浏览器，利用百度或 360 搜索引擎，输入在线问卷调查平台，选择网站进入，下文以问卷网为例（如已有免费的问卷网可忽略这一步）。

2）启动 IE 浏览器，在地址栏内输入问卷网的网址：https://www.wenjuan.net/，打开问卷网主页（图 4-1-1）。

图 4-1-1　问卷网主页

3）单击"免费注册"按钮，出现手机注册和邮箱注册两种注册方式，选择一种根据提示注册。

4）注册完成后，输入手机号或邮箱进行验证进入，出现以下界面（图 4-1-2）。

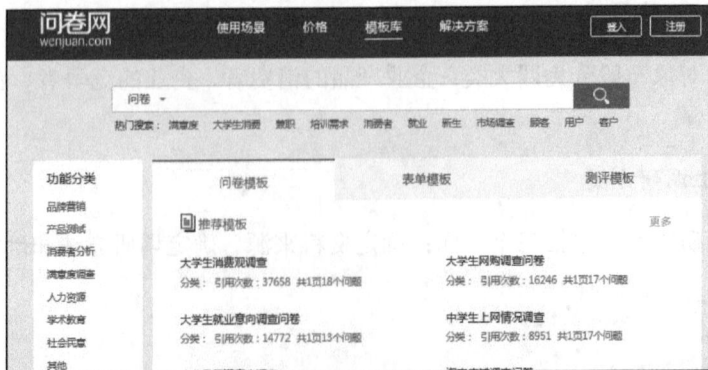

图 4-1-2　模板库

5）创建新问卷，填写有关内容（图 4-1-3）。

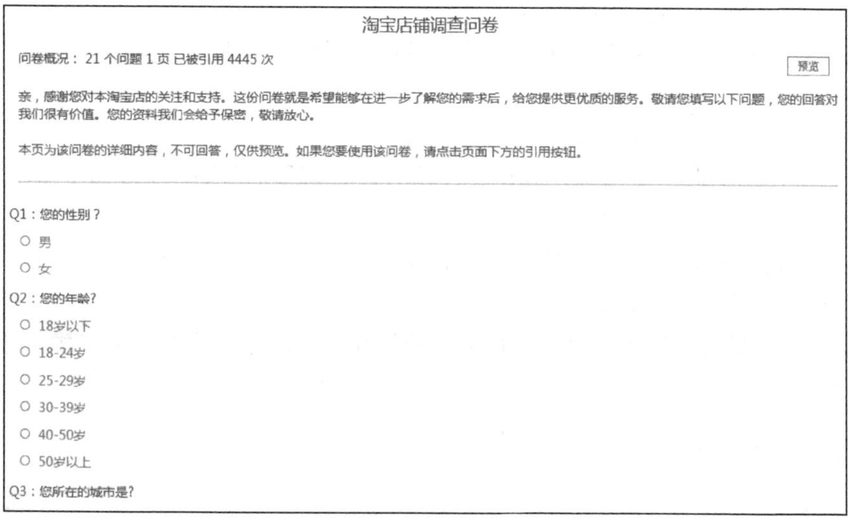

淘宝店铺调查问卷

问卷概况：21 个问题 1 页 已被引用 4445 次

预览

亲，感谢您对本淘宝店的关注和支持。这份问卷就是希望能够在进一步了解您的需求后，给您提供更优质的服务。敬请您填写以下问题，您的回答对我们很有价值。您的资料我们会给予保密，敬请放心。

本页为该问卷的详细内容，不可回答，仅供预览。如果您要使用该问卷，请点击页面下方的引用按钮。

Q1：您的性别？

○ 男

○ 女

Q2：您的年龄?

○ 18岁以下

○ 18-24岁

○ 25-29岁

○ 30-39岁

○ 40-50岁

○ 50岁以上

Q3：您所在的城市是?

图 4-1-3　创建新问卷

6）发布问卷。

5. 分析整理有效信息

营销人员从互联网上获取大量的信息之后，必须对这些信息进行整理和分析，通过筛选、分类、整理等定量、定性的方法进行分析研究，以掌握市场动态、探索解决问题的措施和方法等。

6. 撰写报告

对信息进行整理、分析之后，调研者要写出一份图文并茂的市场分析报告，直观地反映市场的动态。调研报告不是数据和资料的堆砌，而是市场调研成果的最终体现，它要求调研者在对所获资料分析的基础上，对所调研的问题作出结论。

知识点拨

1. 调查问卷的基本格式

1）问卷标题。
2）问卷说明。
3）问卷主体。
4）结束语或致谢。

2. 调查问卷设计的注意事项

1）问题的安排要先易后难、先简后繁，被调查者熟悉的问题应放在前面。
2）提出的问题要具体，避免提一般性的问题。

3）一个问题只能有一个问题点。

4）要避免设计带有倾向性或暗示性的问题。

5）先一般问题，后敏感性问题；先泛指问题，后特定问题；先封闭式问题，后开放式问题。

6）要考虑问题的相关性。

7）提问中使用的概念要明确，要避免使用有多种解释而没有明确界定的概念。

8）避免提出断定性的问题。

9）一些问题不要放在问卷之首，如关于被访者的私人资料、令人漠不关心的问题或有关访问对象的生活态度等问题。

10）最后问背景资料问题，因为有时鉴于统计和分析的需要必须问被访者一些背景资料方面的问题。

3. 调查报告的结构

（1）标题

标题可以有两种写法：一种是规范化的标题格式，即发文主题加文种，基本格式为"××关于×××的调查报告""关于×××的调查报告""×××调查"等；另一种是自由式标题，包括陈述式、提问式和正副题结合使用三种。陈述式如"×××大学硕士毕业生就业情况调查"；提问式如"为什么大学毕业生择业倾向沿海和京津地区"；正副标题结合式，正题陈述调查报告的主要结论或提出中心问题，副题标明调查的对象、范围和问题，这实际上类似于"发文主题＋文种"的规范格式，如"高校发展重在学科建设——×××大学学科建设实践思考"等。作为公文，最好用规范化的标题格式或自由式中正副题结合式标题。

（2）正文

1）前言。前言有以下几种写法：①写明调查的起因或目的、时间和地点、对象或范围、经过与方法，以及人员组成等调查本身的情况，从中引出中心问题或基本结论；②写明调查对象的历史背景、大致发展经过、现实状况、主要成绩、突出问题等基本情况，进而提出中心问题或主要观点；③开门见山，直接概括调查的结果，如肯定做法、指出问题、提出影响、说明中心内容等。前言起画龙点睛的作用，要精练概括，直切主题。

2）主体。这是调查报告最主要的部分，这部分详述调查研究的基本情况、做法、经验，分析调查研究所得材料中得出的各种具体认识、观点和基本结论等。

3）结尾。结尾的写法也比较多，可以提出解决问题的方法、对策或下一步改进工作的建议；或总结全文的主要观点，进一步深化主题；或提出问题，引发人们的进一步思考；或展望前景，发出鼓舞和号召等。

任务 2　淘宝网免费自然流量

任务描述

在淘宝网开店，基本上每天都在和流量做斗争，有了流量才能谈及转化率。流量只靠付费去索取，成本太大。一家健康的店铺应该是免费流量为主，付费流量为辅，但是很多中小卖家在免费流量这一块觉得很棘手。本任务主要讲述淘宝店铺免费流量获取的方法与步骤。

方法/步骤

1. 主营类目

中小卖家常犯的一个错误就是经营类目多，千人千面的今天，如果你的店铺还是如此，淘宝网给到你的流量就不符合类目，从而导致不能转化。

2. 关键词

关键词是搜索流量中的一个要点，也就是说标题的制作很重要，要具备搜索热度高、匹配度高的特点，这样才会能够获得更多曝光度。

3. 宝贝属性

在搜索结果页上，往往大量客户不能直接找到自己想要的宝贝，因此会通过筛选属性来获取宝贝信息，由此可见宝贝属性的重要性。

4. 收藏

收藏是人气指标中的主要因素，也是反映我们宝贝受欢迎程度的情况。关注、收藏率及收藏量是极其重要的，收藏过的店铺会得到优先展示。

5. 加购

加购的情况同收藏一样，也是店铺人气数据中的重要因素，也是作为二次营销的良好渠道，因为加购物车的用户一般都具备一定购买意向，所以，这也是需要关注的一个要点。

6. 评价

作为 C 店（个人店铺、集市店铺）卖家，好评率不但直接影响商品的成交，也会影响到店铺的流量，小卖家们一定要把各个细节给做好。

7. 新品

一直以来淘宝网给到新品的流量扶持都是非常可观的,因此所有的卖家都该在上新的同时,尽可能争取到新品标,这样才能得到更多的展现机会。

8. 店铺类型

在店铺上,天猫的权重是高于 C 店的。对于中小卖家来说,如果经营的是 C 店,在条件允许的情况下,可以申请成为企业店铺,企业 C 店的权重是高于个人 C 店的。

9. 店铺动态评分

店铺动态评分主要分为描述、服务、物流三个方面。中小卖家在经营店铺时描述不宜过度包装,服务应当站在买家立场考虑,物流尽可能选择综合条件较好的快递公司,如果物流不好,只能依靠服务来进行弥补。

10. 旺旺在线

在搜索时,买家可以选择旺旺在线的卖家进行浏览。如果卖家旺旺一直在线,客户流失就会减少,获取曝光机会也会变多。

11. 服务保障

在服务上商家提供一些额外的服务也会对店铺权重有所影响,同时也会提升买家体验,如运费险退货、七天无理由退货、货到付款、24 小时内发货等。产品和服务一直都是做好店铺的两大核心要素。

12. 橱窗推荐

橱窗推荐对于 C 店来说是一个提高曝光和成交的工具。橱窗又分为精品橱窗及普通橱窗,精品橱窗获得的曝光是高于普通橱窗的。在店铺确定好主推款并且橱窗位置有限的时候,就更应合理运用好这个工具了。

■ 知识点拨

淘宝店铺要获得最佳的效果,要做到以下几点。

1)首先,加入消费者保护服务、旺铺,充分利用各种营销工具,如"满就送""限时折扣""搭配套餐"等,这些都是淘宝收费的项目,所以会给店铺带来很好的效果;其次,选择上架时间为七天,原因是比选择 14 天多了一次下架的机会,可以获得更多的宣传机会。

2)商品一定要选择在黄金时段内上架。在具体操作中,可以从 11:00~23:00,每隔半小时左右发布一个新商品。为什么不同时发布呢?原因很简单:同时发布,也就容易同时消失,而如果分隔开来发布,那么在整个黄金时段内,都会有即将下架的商品获得的靠前的搜索排名,流量也肯定会增加。

3）每天都坚持在两个黄金时段内发布新宝贝。这点估计也是最难做到的了，尤其是对兼职卖家来说。这样做需要卖家有足够多的宝贝来支持，每天都有新宝贝上架，那么一周之后，也就每天都有下架，周而复始。对于宝贝数量巨多的卖家，在其他时段也可以发布一些，只要卖家坚持做好细节，那么，每天的黄金时段内，卖家都有宝贝获得最佳的宣传位置，流量想不增加都难。

4）所有的橱窗推荐位都用在即将下架的宝贝上。安排合理的话，卖家的推荐位就会发挥巨大的威力。

5）多参加淘宝社区活动，在各大论坛跟帖回帖，多发表一些对大家有帮助的帖子，多参加商品推荐活动，从众多卖家中脱颖而出，无形中也能吸引更多的顾客通过帖子来到店铺。

項目 2

营 销 中 心

▌任务描述

　　营销推广指公司组织以各种手段向顾客宣传产品，以激发他们的购买欲望，从而扩大产品销售的一种经营活动，本任务以阿里妈妈店铺推广方法为例讲述淘宝店铺推广的方法与途径。

▌方法/步骤

　　1）在 IE 浏览器里输入 https://www.alimama.com/index.htm，打开阿里妈妈网站，主页如图 4-2-1 所示。

图 4-2-1　阿里妈妈主页

2）先登录淘宝联盟，选择"淘宝会员"输入账号和密码后单击"登录"按钮（这个账号与淘宝网为同一账号），如图 4-2-2 所示。登录完成后如图 4-2-3 所示。

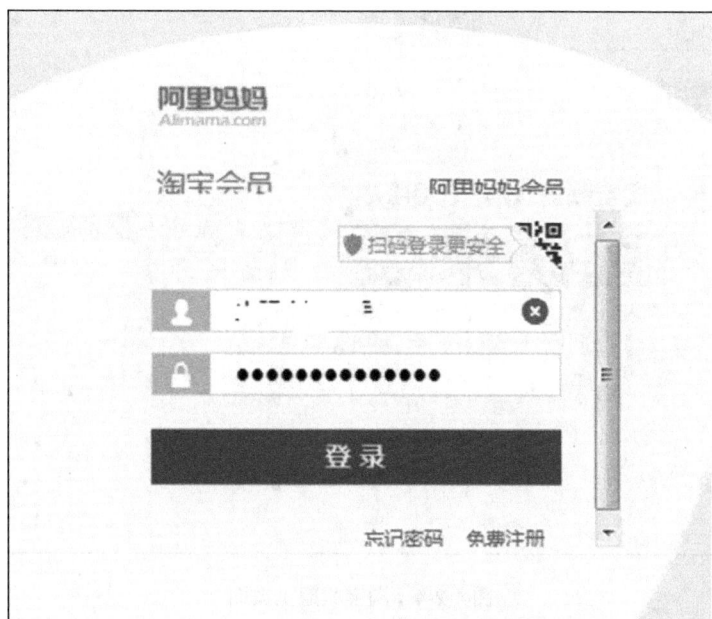

图 4-2-2　登录

图 4-2-3　"淘宝联盟"链接

3）单击图 4-2-3 中的"淘宝联盟"链接，进入淘宝联盟主页面（图 4-2-4）。

4）单击主页面左侧的"活动推广"链接后，单击"推广管理"命令，打开如图 4-2-5 所示的界面。

图 4-2-4　淘宝联盟主页面

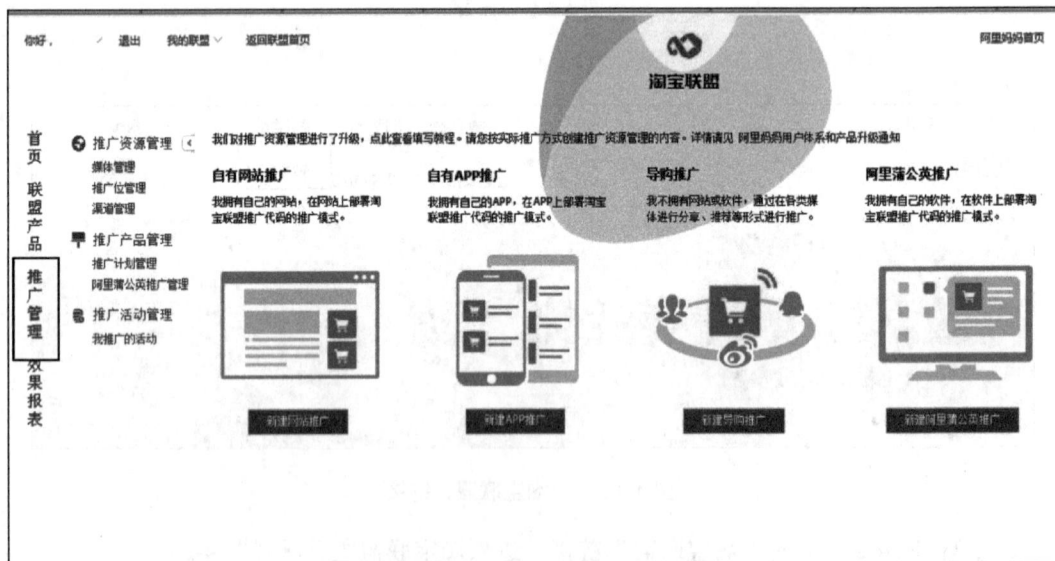

图 4-2-5　推广管理界面

5）单击图 4-2-5 中的"新建导购推广"按钮，打开"新增导购推广"对话框，填写导购名称、导购类型等信息，填写完成后单击"确定"按钮（图 4-2-6）。

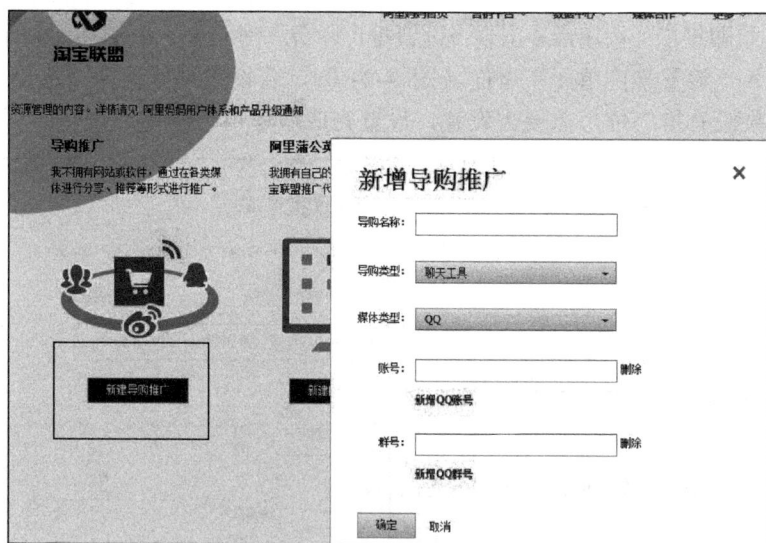

图 4-2-6 "新增导购推广"对话框

6）单击主页面左侧的"联盟产品"链接后，单击"单品店铺推广"命令，打开如图 4-2-7 所示的页面。

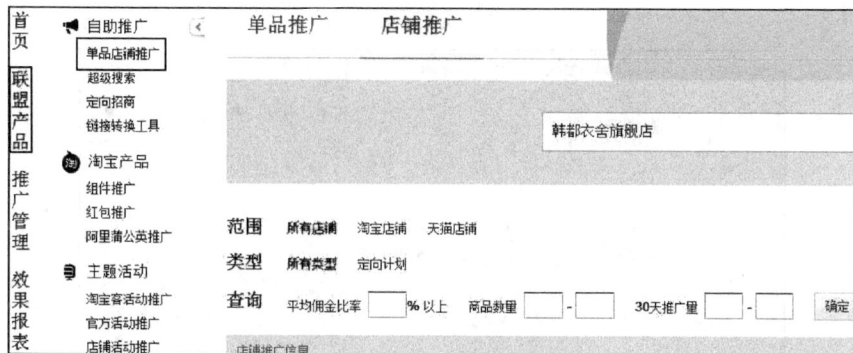

图 4-2-7 单品店铺推广页面

7）在"店铺推广"搜索框中输入店铺名称或卖家旺旺，以韩都衣舍这个店铺为例，在搜索框中输入"韩都衣舍旗舰店"后，单击"立即推广"按钮（图 4-2-8）。

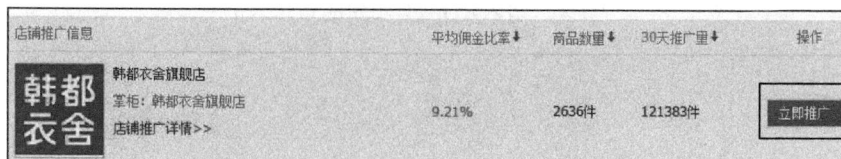

图 4-2-8 立即推广

8）单击"立即推广"按钮后，出现"设置推广单元"对话框，如图4-2-9所示。单击"确定"按钮后进入"设置推广单元"页面（图4-2-10），若设置过就选择"选择已有推广位"单选按钮，如果没有推广位，需要去设置，设置完成后单击"确定"按钮即可。

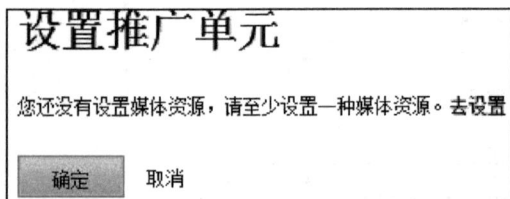

图4-2-9 "设置推广单元"对话框

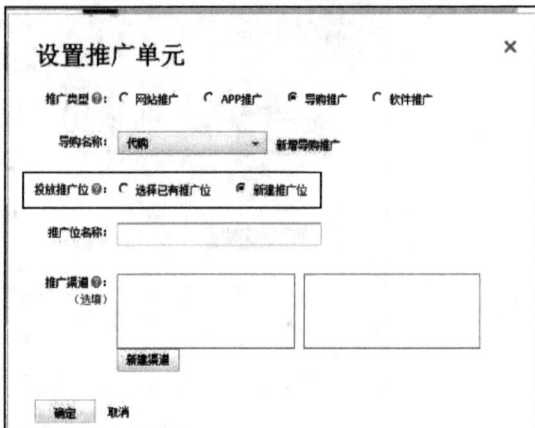

图4-2-10 "设置推广单元"页面

9）单击"确定"按钮后会出现代码网址，单击该网址会自动复制（图4-2-11），在新页面打开即可。

图4-2-11 复制网址

■ 知识点拨

网店经营得好不好关键在于信誉等级的多少。要使自己的网店迅速提高人气，提升转化率可利用以下几种工具。

1）选择"卖家中心→营销中心→我要推广"命令，可进入淘宝自带的直通车，它可以让你的宝贝优先展示在买家输入的关键词中，效率非常高，建议可以用它来推荐你店铺内最优质的产品。当然这项服务是要收费的，它采用竞价排名方式显示商品，出价越高，商品的位置越靠前。具体效果如图 4-2-12 所示。

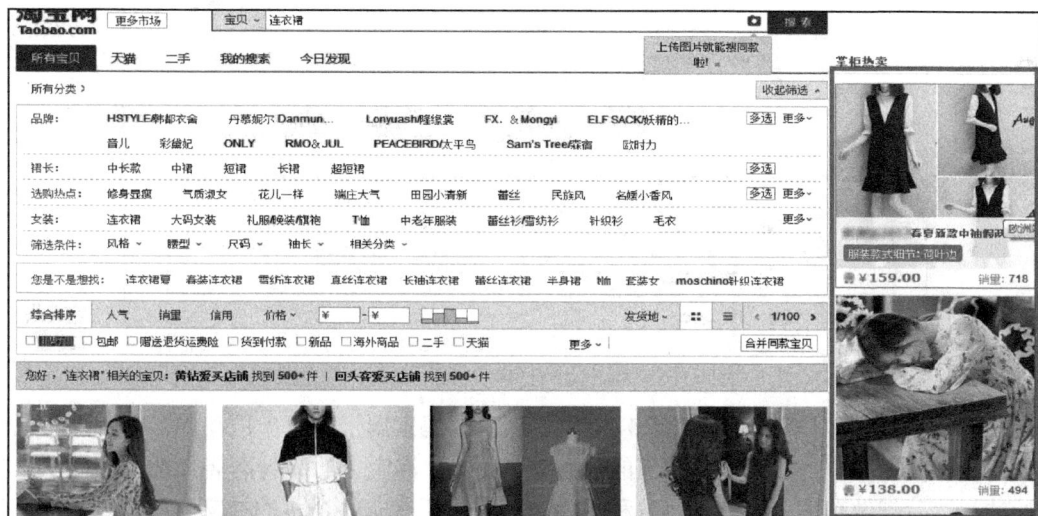

图 4-2-12　推广效果

2）选择"卖家中心→营销中心→我要推广→官方营销工具"命令，进入推广工具管理界面，这里有很多好用的推广工具，如限时打折、满就送/减、搭配套餐等都非常有用，要做好店铺，这些工具是很有必要的，但是也不免费，具体价格看服务市场（图 4-2-13 和图 4-2-14）。

图 4-2-13　推广工具管理界面

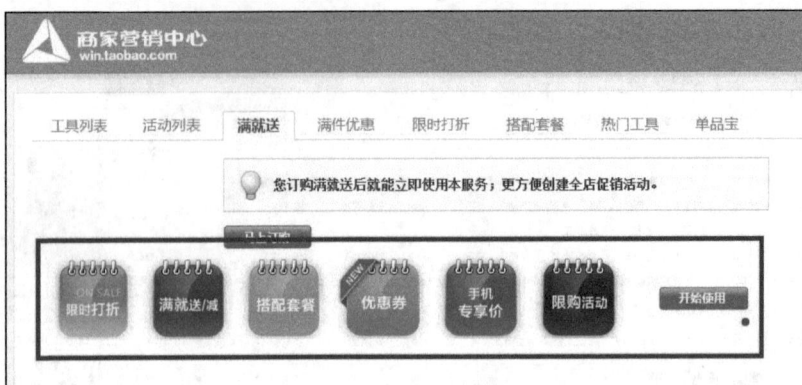

图 4-2-14　推广工具

3）利用阿里妈妈平台推广（图 4-2-15）。阿里妈妈隶属于阿里巴巴集团，拥有阿里巴巴集团的核心商业数据，是该集团旗下的数字营销平台。淘宝上的品牌网店大部分都是从这里开始的，然后越做越大。这里云集各种网站、媒体，还有一些个人的社交网络，如微博、论坛。卖家可以把商品放在这里，然后让别人给你推广，不仅省时省力，还可以学习到别人的推广方式。

图 4-2-15　利用阿里妈妈平台推广

4）利用论坛推广。论坛里有很多商家，他们会分享一些推广的经验和技巧，而且这些论坛都有推广专区，只要你写的帖子能够成为精华，点击率高了，就可以起到宣传店铺的效果，也可以在这些帖子里加上店铺的创意 LOGO，给别人留下深刻的印象（图 4-2-16）。

图 4-2-16　利用论坛推广

5）利用团购网做宣传和促销。有优惠，顾客自然会找上门。团购网很多，可以找当地的，也可以找人气高的。目前比较知名的全国性团购网站有拉手网（图 4-2-17）、美团网、糯米网、大众点评网、聚划算、聚美优品、赶集团购、美丽说、凡客团购、京东团购等。

图 4-2-17　拉手网

6）利用 QQ、微信推广。如商户群、微信公众号等针对性强的群体，或者发表一些动态，引发别人关注（图 4-2-18）。

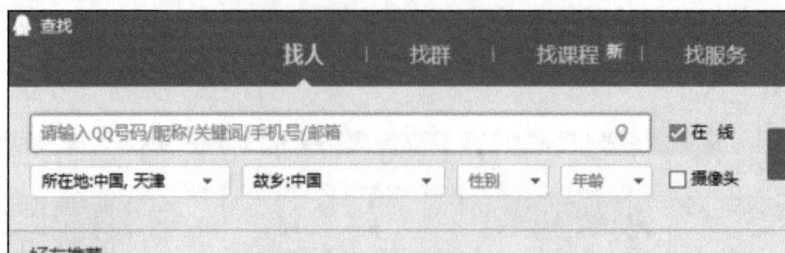

图 4-2-18 利用 QQ 推广

任务 2 生 意 参 谋

任务描述

店铺经过营销推广，是否有效果，效果有多好，这些数据都需要卖家进行跟踪查看，这时就需要用到淘宝数据监控软件。本任务以"生意参谋"使用为例，讲述各类淘宝数据监控工具的使用。

方法/步骤

1）登录淘宝账户，单击"卖家中心"链接。

2）单击左侧"营销中心"中的"生意参谋"链接，如图 4-2-19 所示。

图 4-2-19 生意参谋

3）如果是第一次使用生意参谋，需要选择订购并启用生意参谋（图 4-2-20）。

图 4-2-20　启用生意参谋

4）在"标准包"位置下方单击"订购"按钮。根据提示，完成订购手续（图 4-2-21 和图 4-2-22）。

图 4-2-21　标准包订购

图 4-2-22　完成订购

5）完成订购后，重新进入生意参谋，界面如图 4-2-23 所示。

图 4-2-23　生意参谋界面

6）在生意参谋的交易分析中单击"交易概况"链接，可以通过设置日期查看对应时间内的销量及转化率（图 4-2-24）。

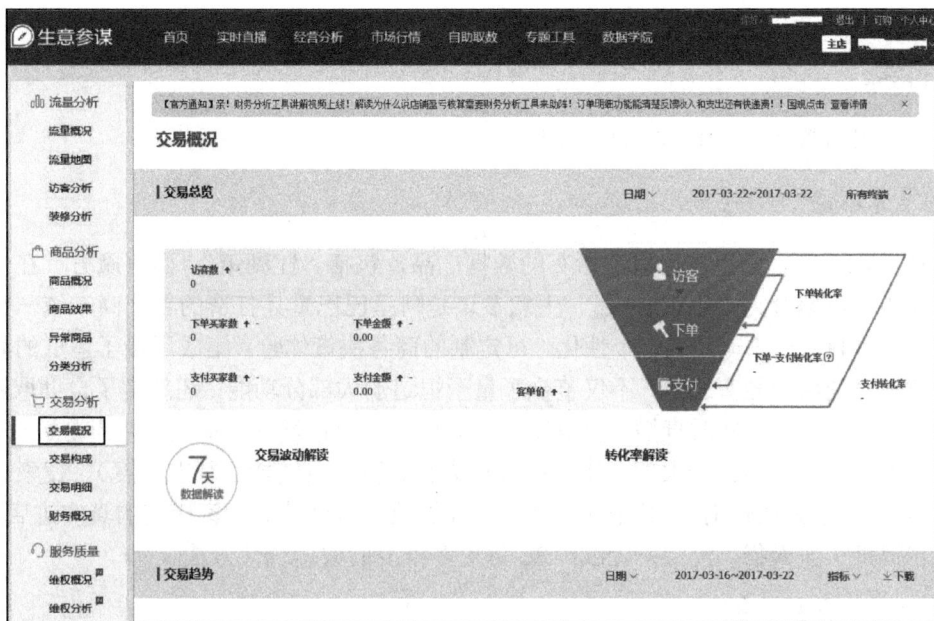

图 4-2-24　交易概况

7）在生意参谋中，选择"自助取数→我要取数"命令，就可以查看数据报表，获取要掌握的相关营销数据（图 4-2-25）。

图 4-2-25　营销数据

■ 知识点拨

目前常用的数据监控工具有以下几种。

1. 生意参谋

2015 年 12 月，阿里巴巴官方所有的数据产品，包括"江湖策""数据魔方"在内的数据产品逐步升级整合为"生意参谋"。生意参谋是阿里巴巴重兵打造的首个商家统一数据平台，面向全体商家提供一站式、个性化、可定制的商务决策体验。集成了量子恒道的海量数据及生意参谋的店铺经营思路，不仅整合了量子恒道的大部分功能，还新增了自助取数、单品分析、商品温度计、实时直播大屏等新功能。生意参谋市场行情最大的特点是数据去重，算法更精准。它主要由三个大部分构成：行业大盘、商品店铺榜（行业粒度）、搜索词分析（行业热词榜、搜索词查询）。其中，行业大盘能够更准确地计算卖家店铺的真实进店人数。同时，也提供了按天猫、淘宝、无线、PC 等更多维度的数据统计方法。

2. 第三方监控工具

除了生意参谋，如果卖家还有其他需求，也可以选择其他第三方服务商提供的其他数据分析工具，这些工具可以在淘宝服务市场（https://fuwu.taobao.com）找到，如图 4-2-26 所示。

图 4-2-26　第三方监控工具

模 块 5

店铺的安全措施

学习目标

在互联网和电子商务高速发展的今天，互联网安全特别是电子商务安全问题日益引起人们的重视。本模块主要介绍计算机软件系统的维护，以及淘宝账号、网银等的安全设置，最大限度地保障用户财产安全。

项目 1

计算机软件系统维护

任务 1　Windows 系统工具的应用

■任务描述

本任务通过学习使用 Windows 自带的磁盘清理、磁盘碎片整理程序等系统工具对 Windows 7 操作系统进行简单的维护，掌握 Windows 自带工具的功能和使用方法。

■方法/步骤

1）打开 Windows 7 系统资源管理器（图 5-1-1）。

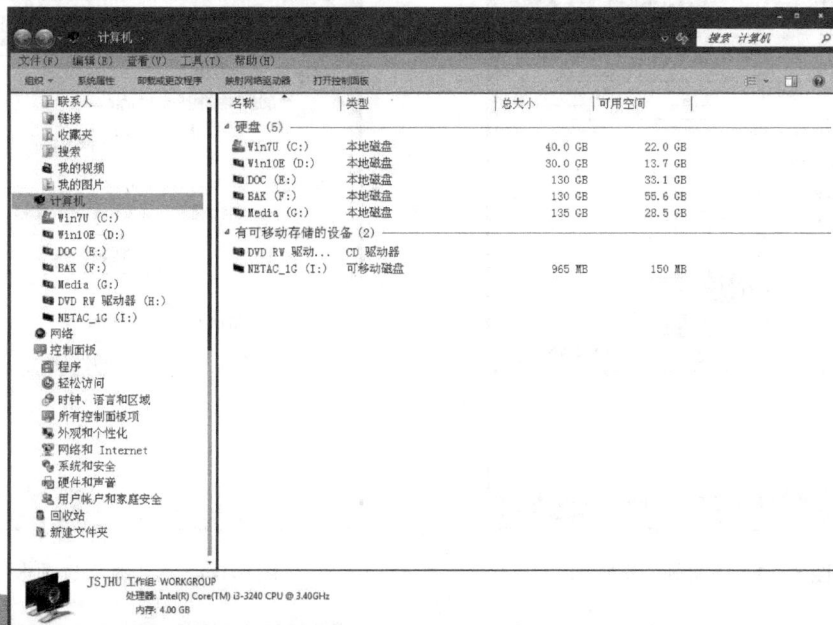

图 5-1-1　资源管理器

2）选中任意磁盘并右击，在弹出的菜单栏中单击"属性"命令（图 5-1-2）。

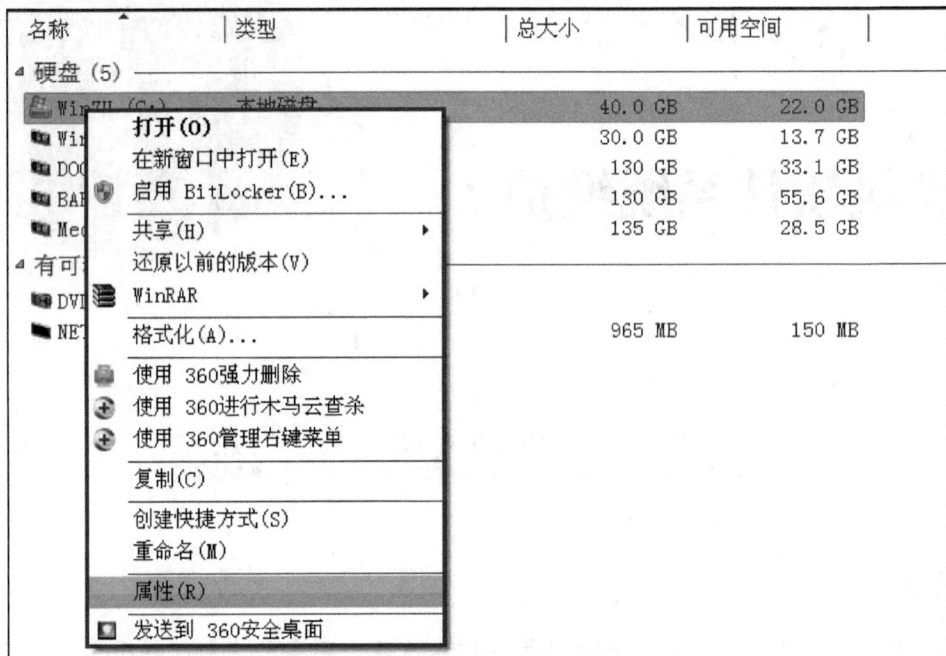

名称	类型	总大小	可用空间	
▲ 硬盘 (5)				
Win7U (C:)	本地磁盘	40.0 GB	22.0 GB	
Win		30.0 GB	13.7 GB	
DOC		130 GB	33.1 GB	
BAK		130 GB	55.6 GB	
Med		135 GB	28.5 GB	
▲ 有可				
DVI				
NET		965 MB	150 MB	

右键菜单项：
- 打开(O)
- 在新窗口中打开(E)
- 启用 BitLocker(B)...
- 共享(H) ▶
- 还原以前的版本(V)
- WinRAR ▶
- 格式化(A)...
- 使用 360强力删除
- 使用 360进行木马云查杀
- 使用 360管理右键菜单
- 复制(C)
- 创建快捷方式(S)
- 重命名(M)
- 属性(R)
- 发送到 360安全桌面

图 5-1-2　右击弹出快捷菜单

3）单击"属性"命令后，默认打开"常规"选项卡（图 5-1-3）。

4）切换至"工具"选项卡，单击"立即进行碎片整理"按钮（图 5-1-4）。

图 5-1-3　"常规"选项卡

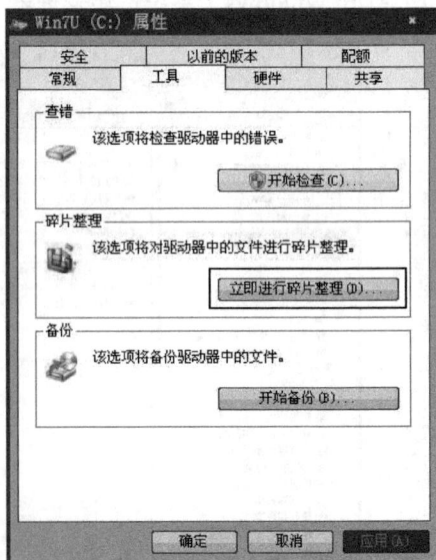

图 5-1-4　"工具"选项卡

5）选中 C 盘，单击"分析磁盘"按钮，开始分析磁盘碎片（图 5-1-5）。

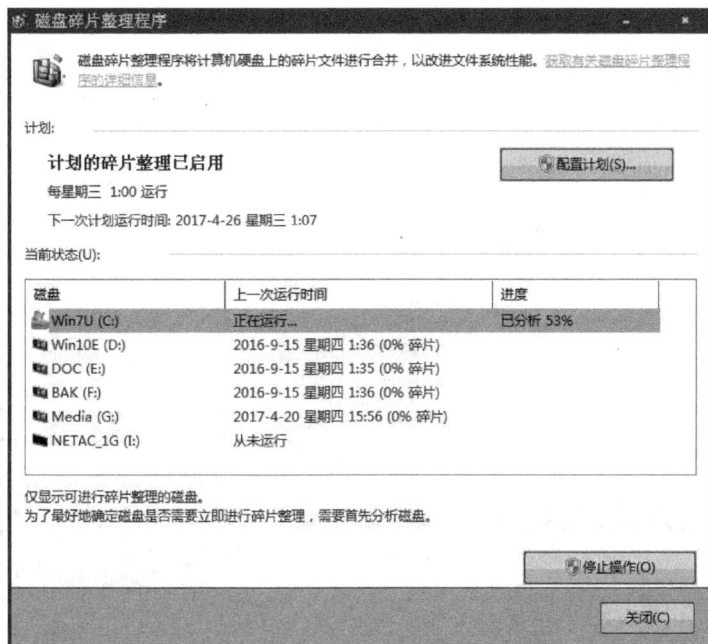

图 5-1-5　分析 C 盘

6）磁盘分析完成后，碎片为 4%，说明磁盘碎片较少。可以继续单击"分析磁盘"按钮，或者直接单击"磁盘碎片整理"按钮，同样会先进行磁盘分析，分析完成后，自动整理（图 5-1-6）。

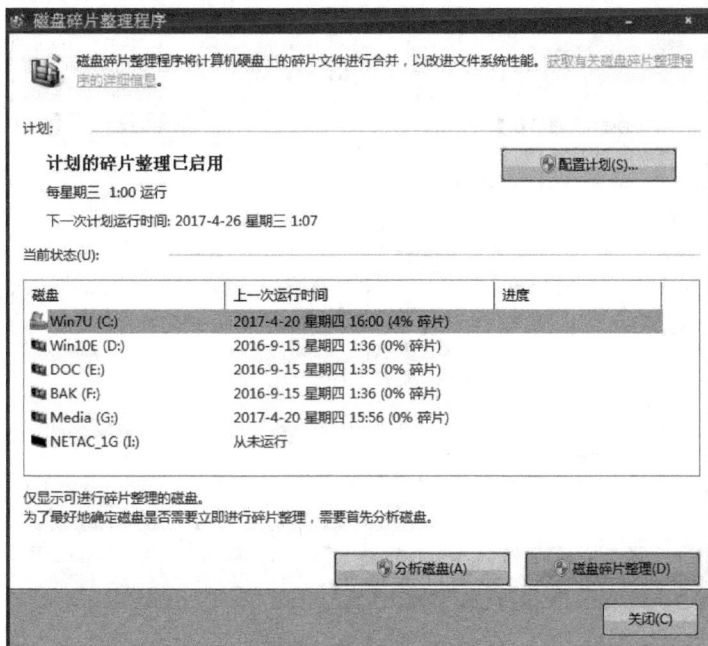

图 5-1-6　磁盘碎片整理程序

7）开始整理碎片，等待整理完成（图 5-1-7）。

图 5-1-7　开始整理碎片

8）磁盘碎片整理完成（图 5-1-8）。

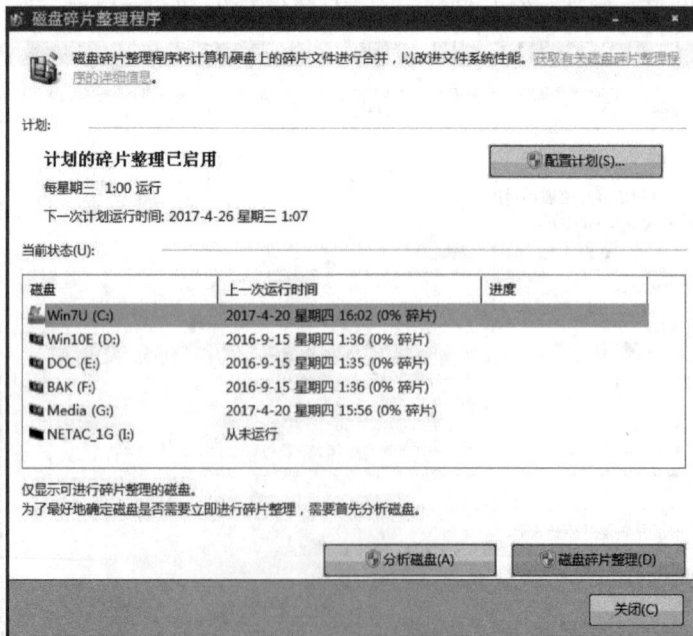

图 5-1-8　磁盘碎片整理完成

知识点拨

磁盘碎片整理是通过系统软件或者其他专业的磁盘碎片整理软件对电脑磁盘在长期使用过程中产生的碎片和凌乱文件重新整理，释放出更多的磁盘空间，让磁盘的存储信息更加秩序化、规律化。磁盘碎片整理可提高电脑的整体性能和运行速度，让电脑运行得更流畅。

任务 2　木马病毒的查杀和扫描

任务描述

本任务通过使用"360 杀毒"软件对计算机软件系统进行防护、木马查杀等操作，掌握使用工具软件进行木马查杀和防护的操作方法和操作规范。

方法/步骤

1）在百度搜索引擎中搜索"360 杀毒"（图 5-1-9）。

图 5-1-9　搜索"360 杀毒"

2）打开 360 杀毒官网，下载正式版 360 杀毒软件（图 5-1-10 和图 5-1-11）。

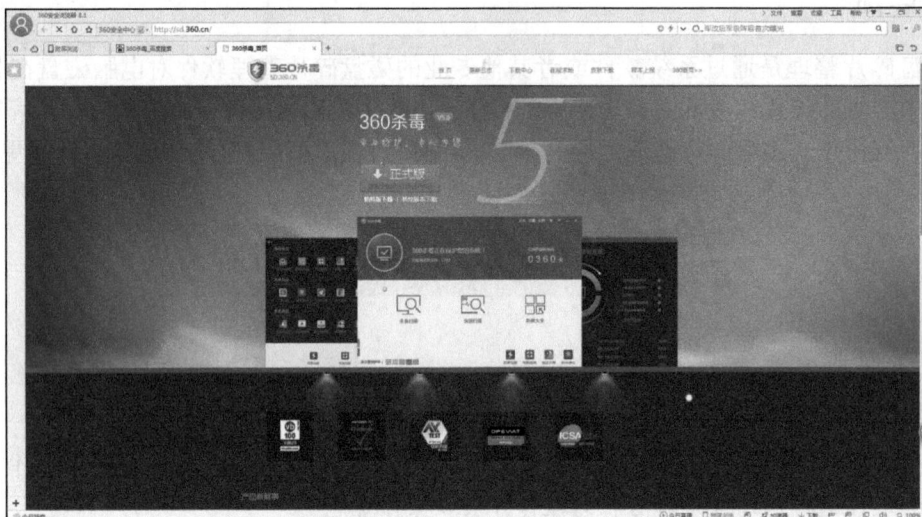

图 5-1-10　360 杀毒官网

图 5-1-11　下载 360 杀毒软件

3）双击 360 杀毒软件安装包，软件自动安装（图 5-1-12）。

图 5-1-12　360 杀毒软件安装完成

4）打开 360 杀毒软件，对计算机进行扫描（图 5-1-13）。

图 5-1-13 扫描计算机

知识点拨

木马（Trojan），也称木马病毒，是指通过特定的木马程序来控制另一台计算机。木马程序是目前比较流行的病毒文件，与一般的病毒不同，它不会自我繁殖，也并不刻意地去感染其他文件，它通过伪装自身吸引用户下载执行，向施种木马者提供打开被种病毒主机的门户，使施种者可以任意毁坏、窃取被种者的文件，甚至远程操控被种主机。木马病毒的产生严重危害着现代网络的安全运行。

常用杀毒软件网上有很多，其中 360 安全套装使用较多。360 安全套装中 360 安全卫士与 360 杀毒软件的区别主要在于：360 安全卫士有杀毒和其他功能，而 360 杀毒是专门的杀毒软件。360 杀毒软件是 360 安全中心出品的一款免费的云安全杀毒软件，具有查杀率高、资源占用少、升级迅速等优点，零广告、零打扰、零胁迫，一键扫描，快速、全面地诊断系统安全状况和健康程度，并能进行精准修复。其防杀病毒能力得到多个国际权威安全软件评测机构认可，荣获多项国际权威认证。

店铺安全设置

任务描述

在淘宝网开店，淘宝账户的安全不可忽视，为了进一步保障淘宝账户的安全性，可以再次登录淘宝会员账号管理页面，进行淘宝账户的安全设置。

方法/步骤

1）进入淘宝首页，登录淘宝会员账号，单击"我的账号名"按钮，在弹出的小窗口中单击"账号管理"按钮，如图 5-2-1 所示。

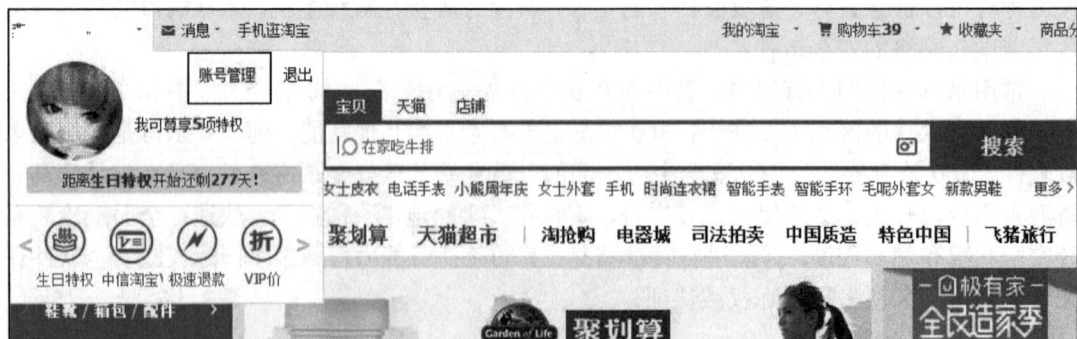

图 5-2-1　登录淘宝

2）进入账号管理页面，可以进行相关的账号内容补充和修改，如安全设置、个人资料、支付宝绑定设置等，特别是淘宝账号身份未认证或支付宝未认证的用户可以在此处认证，如图 5-2-2 所示。

图 5-2-2　账号管理页面

▌知识点拨

淘宝账户安全设置有以下几种。

1. 设置安全问题

安全问题是最常用的密码保护方式,淘宝网允许用户设置三个密码保护问题,当忘记密码时可以通过安全问题找回。

2. 绑定手机

手机与淘宝账号绑定,当密码忘记时可以通过手机找回,且可享受手机登录、手机动态密码等服务。

3. 安装支付宝数字证书

数字证书具有安全、保密、防篡改的特性,在某台电脑上(可以将证书备份到多台电脑上)对某个支付宝账户申请了数字证书后,即使支付宝密码泄露,他人也无法盗取、挪用支付宝账户中的金额。当然,注意密码的安全性仍然是必要的。

任务2　网银的安全设置

■ 任务描述

　　保护网银和个人资金安全,是网银用户最关注的问题。尽管大家有一定的安全防范意识,但还是屡屡发生网银账号、密码被盗的情况。因此,掌握正确的网银安全防范措施很有必要。本任务以中国工商银行的网银为例简单加以介绍。

■ 任务实施

　　1)输入网址 http://www.icbc.com.cn,打开中国工商银行官网首页,单击"个人网上银行登录"按钮进行登录(图5-2-3 和图5-2-4)。

图 5-2-3　打开银行官网首页

图 5-2-4　个人网上银行登录

2）当用户打开工行网页时，浏览器会检测有没有控件，提示用户下载工行网银助手，单击"下载"按钮即可。

3）打开工行网银助手（图 5-2-5），网银助手会安装所需安全控件。

图 5-2-5　工行网银助手

知识点拨

网银安全防范措施包括如下。

1. 登录正确的银行网站

直接输入所要登录银行网站的地址，不要通过其他链接进入，防止遭遇钓鱼网站欺诈。

2. 保护好数字证书

数字证书无论放在电脑还是放在 USBkey 中，都要防止由于个人疏忽而丢失。

3. 保护密码

不要轻易向他人泄露个人密码，在网站输入密码前一定要先安装银行网站的安全插件。

4. 做好电脑安全防护

现在有很多针对网银的木马病毒，所以电脑里一定要安装正版安全软件，不要打开任何可疑链接，不要打开任何来源不明的电子邮件。

参 考 文 献

葛存山，2014. 淘宝店铺经营管理一册通[M]. 北京：人民邮电出版社.

李飒，刘春，2014. 电子商务安全与支付[M]. 北京：人民邮电出版社.

梁芳，2016. Photoshop 网店装修设计[M]. 北京：电子工业出版社.

吴清烈，2012. 网店运营与管理[M]. 北京：外语教学与研究出版社.

张培昂，曹鸿涛，陈希，2014. 决胜"小而美"：淘宝店铺的 26 个经典案例[M]. 杭州：浙江科学技术出版社.